国家示范性中等职业学校重点建设专业教材

汽车底盘维修理实一体化教材

中国汽车工程学会　组织编写

郑军强　王瑞君　杜凌平　主　编

人民交通出版社股份有限公司
China Communications Press Co.,Ltd.

内 容 提 要

本书是国家示范性中等职业学校重点建设专业教材，所选实训项目为最常见、最基本和最实用的汽车维修项目，以丰田花冠、卡罗拉和别克凯越车型作为实训车辆，较全面地介绍了汽车底盘传动系统、转向系统、行驶系统和制动系统中常见的维修项目，共计17个。每个项目的编写充分考虑了学生的认知规律和职业的成长规律，由学习目标、情景导入、知识链接、项目实施、考核标准和知识拓展等六部分内容构成。其中项目实施主要以照片和必要的文字来描述操作步骤，便于学生理解，降低学习难度，使学生尽快进入实训模式，能较快地掌握维修技能。

本书可以作为中职学校汽车运用与维修专业的教学用书，也可作为从事相关工作的人员的参考书。

图书在版编目（CIP）数据

汽车底盘维修理实一体化教材 / 郑军强，王瑞君，杜凌平主编. — 北京：人民交通出版社股份有限公司，2014.6

ISBN 978-7-114-11417-5

Ⅰ.①汽… Ⅱ.①郑…②王…③杜… Ⅲ.①汽车—底盘—车辆修理—中等专业学校—教材 Ⅳ.①U472.41

中国版本图书馆CIP数据核字（2014）第094743号

国家示范性中等职业学校重点建设专业教材

书　　名：汽车底盘维修理实一体化教材
著　作　者：郑军强　王瑞君　杜凌平
责任编辑：曹延鹏
出版发行：人民交通出版社股份有限公司
地　　址：（100011）北京市朝阳区安定门外外馆斜街3号
网　　址：http://www.ccpress.com.cn
销售电话：（010）59757973
总　经　销：人民交通出版社股份有限公司发行部
经　　销：各地新华书店
印　　刷：北京市密东印刷有限公司
开　　本：880×1230　1/16
印　　张：16.5
字　　数：460千
版　　次：2014年7月　第1版
印　　次：2020年8月　第3次印刷
书　　号：ISBN 978-7-114-11417-5
定　　价：43.00元

（有印刷、装订质量问题的图书由本公司负责调换）

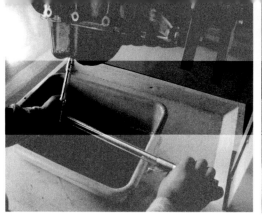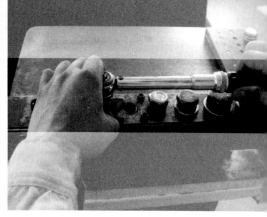

国家示范性中等职业学校重点建设专业教材

专家委员会

专家委员： 赵丽丽　朱　军　刘　亮　卞良勇　焦建刚
　　　　　　汤　涛　邱世军

编写委员会

编写委员： （按姓氏笔画排序）

王　林　王成波　王科东　王瑞君　方作棋
方志英　叶诚昕　陈　东　陈建惠　陈　旺
杜凌平　陆志琴　杨　婷　余斌立　忻状存
忻超群　林育彬　孟华霞　郑军强　胡　蕾
施建定　徐湖川　徐昆洋　顾雯斌　黄元杰
葛建峰　颜世凯

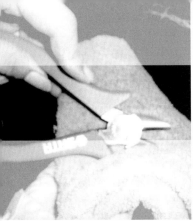 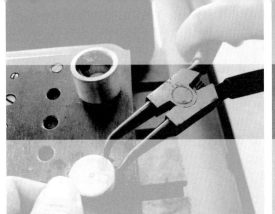 

序

我国的汽车保有量急剧增加，公路交通建设快速发展，这对汽车维修等汽车后市场的发展提出了更高的要求。近年来，尽管我国职业教育取得了很大的成就，但是有些职业院校的教学并没有完全反映企业的实际需求和学生的职业发展规律。职业教育的"职业性"不强，这已成为困扰职业教育适应企业发展需要的瓶颈问题。

事实上，这并不是我国所独有的问题，世界各国和地区也都在通过不同手段探索相应的解决方案。20世纪末，大众、宝马、福特、保时捷等六大国际汽车制造巨头曾在德国提出过一个《职业教育改革7点计划》，建议职业教育应在以下7个方面做出努力：

1. 加强文化基础教育——为青年人的生涯发展打下良好基础，包括掌握基本文化基础和关键能力。

2. 资格鉴定考试中加强定性评估——将职业资格鉴定与企业人力开发措施结合起来，资格考试按照行动导向和设计（Shaping）导向的原则进行。

3. 传授工作过程知识——职业院校应针对特定的工作过程传授专业知识，采用综合性的案例教学，并着力培养团队能力。

4. 学校和企业功能的重新定位——通过学校和企业的共同努力，提高职业教育质量：学校是终身学习的服务机构，企业成为学习化的企业。

5. 采用灵活的课程模式——通过核心专业课程奠定统一而扎实的专业基础，必要时包含具有地方和企业特征的教学内容。

6. 职业教育国际化——建立学校教育和企业培训质量互认，促进各国职业资格证书的可比性和透明度。

7. 促进校企合作的发展——企业和职业院校合作创办高水平职业教育机构，促进贴近工作岗位的职业教育典型实验和相关研究。

这一建议至今看来都有十分重要的借鉴意义。职业院校以市场和需求为导向的课程和教材建设，应当从专业所面向的职业工作任务出发，明确学习目标和学习内容，从而为学生的就业和职业生涯发展奠定必要的基础，这不论是在理论上还是实践上都面临着巨大的挑战。这里不仅要引入先进的职业教育理念，需要丰富的职业实践经验，而且需要把先进、实用的技术有针对性地与职业院校的教学工作有机结合起来。

中国汽车工程学会组织编写的这套教材在以上方面进行了有益的探索。教材充分利用了"蕴藏在实际工作任务的教和学的潜力"，按照工作组织安排学习，可以为学习者提供面向实际的学习机会。希望这套教材的出版不但能帮助职业院校更快、更好、更容易地培养出社会亟需的技能型人才，而且也能为我国职业教育的教学改革提供有价值的经验。

北京师范大学职业与成人教育研究所

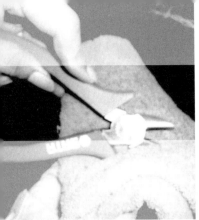
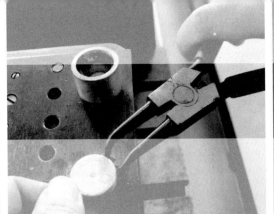

前　言

汽车职业教育的教学内容和教学方法更加贴近企业实际，同时更加符合学生的职业发展规律，一直是汽车职业教育教学改革的目标，也是我们的重要工作方向。早在2004年，中国汽车工程学会下属汽车应用与服务分会就开始了对汽车维修职业教育实训课教学内容和教学方法的改革探索，并组织完成了全国教育科学"十五"规划重点课题《以就业为导向职业教育课程和教材改革的研究与实践》的子课题——"汽车维修职业教育核心实训课工艺化教学模式的开发与推广"，并于2007年组织编写了"汽车维修职业教育实训课工艺化系列教材"。自此之后，我们结合由我会和相关企业策划实施的"博世班"、"北京现代班"等校企合作项目，又相继组织编写了一批教学内容来自企业生产实践、充分反映行业最新技术发展动态、体现先进职业教育理念的实训系列教材。与此同时，我们还选派专家深入学校，更有针对性地指导汽车专业教学改革，进一步贴近教学实际地开发实训教材，本套教材便是成果之一。

自2008年起，我会专家深入宁波交通工程学校（宁波鄞州高级职业中学），指导其汽车维修专业教学改革。针对该校年轻教师多，普遍缺乏企业实践经验的现状，专家从"教什么"入手，指导教师们通过企业调研提炼汽车维修的"典型工作任务"；之后围绕这些工作任务逐项提升教师自身的动手能力；在帮助教师熟练掌握维修技能后，指导他们将工作任务转化为学习任务，并据此设计课程，编写教材，解决"怎么教"的问题。经过几年的反复研究和实践，终于形成了这样一套具有较高实用价值的创新教材。

本套教材的内容包含了最基本的汽车维护实训项目，最典型的发动机维修、发动机电控系统故障诊断、汽车底盘和车身电器检测实训项目，以及为完成以上维修项目所必须掌握的汽车维修基础技能实训项目。在实训项目的选取上，本套教材紧扣中等职业学校汽车维修专业的培养目标，充分体现"必需、够用"原则，同时完全贴合教育部"全国职业院校技能大赛"中职汽车维修专业的比赛项目。

宁波交通工程学校通过连续多个班级的教学实践，在以上课程和教材的应用上已取得显著成绩。该校连续六年在教育部"全国职业院校技能大赛"中职组汽车维修专业赛项中共取得了18个一等奖（三个第一名）的好成绩；汽车维修专业毕业生始终处于供不应求的状态。更为难能可贵的是，通过以上课程和教材的开发，该校培养出了一批"双师型"年轻教师，为年轻教师快速成长为"双师型"教师摸索出一条有效途径。

本套教材以图文并茂的方式详细展现了技能教学的全过程，极大提升了教学的形象化和直观化，同时在每个步骤中都有要领提示，强化了汽车维修作业的规范性和作业技巧。在教学过程中，注重体现了汽车服务企业的5S管理，以使学生在掌握技能的同时提高职业素养。在每个任务的后面还给出了技能考核的参考标准，以便于教学效果的考评。

本书由宁波交通工程学校郑军强、王瑞君、杜凌平主编。

我们真诚希望本套教材能为辛勤耕耘在汽车维修职业教育一线的专业教师们提供有益帮助，同时也希望我们的探索能为汽车职业教育的教学改革提供可借鉴的经验，欢迎汽车职业教育界的领导和同仁们提出宝贵意见。

中国汽车工程学会

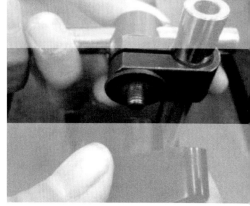

目录 CONTENTS

项目1 离合器踏板行程的检查与调整
- 一、学习目标 …………………… 1
- 二、情景导入 …………………… 1
- 三、知识链接 …………………… 1
- 四、项目实施 …………………… 2
- 五、考核标准 …………………… 15
- 六、知识拓展 …………………… 17

项目2 离合器液压系统液压油的检查与更换
- 一、学习目标 …………………… 18
- 二、情景导入 …………………… 18
- 三、知识链接 …………………… 18
- 四、项目实施 …………………… 19
- 五、考核标准 …………………… 31
- 六、知识拓展 …………………… 33

项目3 手动变速驱动桥的拆卸与安装
- 一、学习目标 …………………… 34
- 二、情景导入 …………………… 34
- 三、知识链接 …………………… 34
- 四、项目实施 …………………… 35
- 五、考核标准 …………………… 51
- 六、知识拓展 …………………… 52

项目4 手动变速器换挡拉杆的检查与调整
- 一、学习目标 …………………… 54
- 二、情景导入 …………………… 54
- 三、知识准备 …………………… 54
- 四、项目实施 …………………… 54
- 五、考核标准 …………………… 65
- 六、知识拓展 …………………… 66

项目5 手动变速器油的检查与更换
- 一、学习目标 …………………… 67
- 二、情景导入 …………………… 67
- 三、知识链接 …………………… 67
- 四、项目实施 …………………… 68
- 五、考核标准 …………………… 80
- 六、知识拓展 …………………… 82

项目6 转向横拉杆的检查与更换
- 一、学习目标 …………………… 83
- 二、情景导入 …………………… 83
- 三、知识链接 …………………… 83
- 四、项目实施 …………………… 84
- 五、考核标准 …………………… 94
- 六、知识拓展 …………………… 95

项目7 动力转向液的检查与更换
- 一、学习目标 …………………… 96
- 二、情景导入 …………………… 96
- 三、知识链接 …………………… 96
- 四、项目实施 …………………… 97
- 五、考核标准 …………………… 108
- 六、知识拓展 …………………… 109

项目8 轮胎的检查与换位
- 一、学习目标 …………………… 111
- 二、情景导入 …………………… 111
- 三、知识链接 …………………… 111
- 四、项目实施 …………………… 112
- 五、考核标准 …………………… 120
- 六、知识拓展 …………………… 120

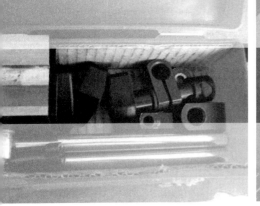

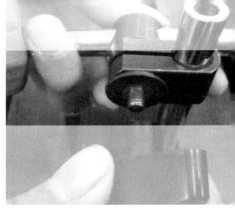

项目9 轮胎和轮辋的分解与组装
　　一、学习目标 …………………122
　　二、情景导入 …………………122
　　三、知识准备 …………………122
　　四、项目实施 …………………122
　　五、考核标准 …………………137
　　六、知识拓展 …………………139

项目10 车轮动平衡的检查与调整
　　一、学习目标 …………………140
　　二、情景导入 …………………140
　　三、知识链接 …………………140
　　四、项目实施 …………………141
　　五、考核标准 …………………149
　　六、知识拓展 …………………150

项目11 前悬架的检查与更换
　　一、学习目标 …………………151
　　二、情景导入 …………………151
　　三、知识链接 …………………151
　　四、项目实施 …………………152
　　五、考核标准 …………………169
　　六、知识拓展 …………………171

项目12 制动液的检查与放气
　　一、学习目标 …………………172
　　二、情景导入 …………………172
　　三、知识链接 …………………172
　　四、项目实施 …………………174
　　五、考核标准 …………………185
　　六、知识拓展 …………………186

项目13 制动踏板的检查与调整
　　一、学习目标 …………………187
　　二、情景导入 …………………187
　　三、知识链接 …………………187
　　四、项目实施 …………………188
　　五、考核标准 …………………198
　　六、知识拓展 …………………199

项目14 制动器摩擦块的检查与更换
　　一、学习目标 …………………200
　　二、情景导入 …………………200
　　三、知识链接 …………………200
　　四、项目实施 …………………201
　　五、考核标准 …………………211
　　六、知识拓展 …………………212

项目15 制动盘的检查与更换
　　一、学习目标 …………………213
　　二、情景导入 …………………213
　　三、知识链接 …………………213
　　四、项目实施 …………………213
　　五、考核标准 …………………225
　　六、知识拓展 …………………226

项目16 驻车制动器的检查与调整
　　一、学习目标 …………………227
　　二、情景导入 …………………227
　　三、知识链接 …………………227
　　四、项目实施 …………………228
　　五、考核标准 …………………239
　　六、知识拓展 …………………240

项目17 ABS轮速传感器的检查与更换
　　一、学习目标 …………………241
　　二、情景导入 …………………241
　　三、知识链接 …………………241
　　四、项目实施 …………………242
　　五、考核标准 …………………251
　　六、知识拓展 …………………252

参考文献…………………………253

项目 1　离合器踏板行程的检查与调整

一　学习目标

（1）了解检查、调整离合器踏板位置的重要性；
（2）熟悉离合器操纵机构的结构与工作原理；
（3）掌握离合器踏板位置的检查与调整技能；
（4）培养学生团队合作的能力。

二　情景导入

车辆在运行中，驾驶员可能会遇到这样的情况：汽车起步过程中完全放松离合器踏板后，汽车起步仍然很困难；或者将离合器踏板踩到底，仍然感到挂挡困难或挂不进挡。出现这一情况，是因为离合器踏板自由行程太小或者自由行程过大。

在车辆的使用过程中，如果离合器踏板位置不正常，即离合器踏板高度、总行程、自由行程不符合规定要求，会导致离合器分离不彻底、换挡困难、离合器打滑、车速下降、分离轴承及压盘总成过早损坏等故障发生。因此，正确地检查、调整离合器踏板位置，对提高车辆使用性能和减轻驾驶员劳动强度具有十分重要意义。对上海通用凯越轿车的离合器踏板检查与调整，是轿车维修中一个常见的维护项目。

三　知识链接

离合器的工作原理如下图所示。

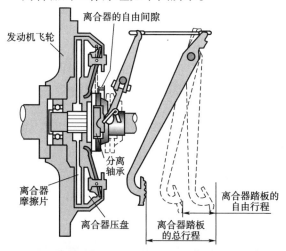

离合器的工作原理

1 离合器的认识

1）功用

汽车机械式传动系中广泛采用摩擦式离合器。离合器布置在发动机与变速器之间，其功用主要有3个方面：保证汽车平稳起步；保证汽车传动系低挡时工作平顺和防止传动系零部件过载。

2）类型

摩擦式离合器的类型很多，可从不同的角度进行分类。

（1）按从动盘数目不同可分为单片、双片和多片式离合器。中型以下货车及轿车发动机最大转矩一般不大，故采用一个从动盘；对于中型以上的货车，需要传递的转矩较大，在压紧力、摩擦面的结构尺寸及摩擦衬片材料性能受限的情况下，采用两个从动盘。

（2）按压紧弹簧的形式可分为螺旋弹簧和膜片弹簧式离合器。螺旋弹簧式离合器又根据弹簧在压盘上的布置分为中央弹簧式和周布弹簧式离合器。

（3）按操纵机构的不同可分为机械式、液压式、气压式和空气助力式等离合器。

3）摩擦式离合器的工作原理

摩擦式离合器由主动部分、从动部分、压紧机构与分离机构四大部分组成。飞轮和离合器压盘是主动部分，离合器从动盘摩擦片在飞轮与压盘之间，是从动部分。飞轮与发动机曲轴相连。

离合器压盘通过传动片与离合器外壳连接后固定在飞轮上。变速器输入轴插入离合器毂中。当驾驶员踩下离合器踏板时，离合器分离，离合器输入轴的转动与从动件无关，发动机的动力被切断。当离合器接合时，在压紧弹簧的作用下，从动件（离合器从动盘摩擦片）被压紧在两个旋转件之间，被迫以相同的转速旋转，此时通过离合器摩擦片从动盘毂带动变速器输入轴转动，实现动力的传递。

❷ 离合器操纵机构的认识

1）作用与组成

离合器操纵机构是为驾驶员控制离合器分离与接合的一套专设机构，是由位于离合器壳内的分离杠杆（在膜片弹簧离合器中，膜片弹簧兼起分离杠杆的作用）、分离轴承、分离套筒、分离叉、复位弹簧等零件组成的分离机构和位于离合器壳外的离合器踏板及传动机构、助力机构等组成，如下图所示。

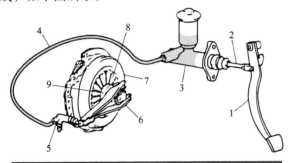

离合器及操纵机构结构组成图

1-离合器踏板；2-推杆；3-主缸；4-液压软管；5-工作缸；6-分离叉；7-离合器盖；8-膜片弹簧；9-分离轴承

2）分类

按照分离离合器时所需操纵能源的不同，离合器操纵机构分为人力式和助力式两类。人力式以驾驶员作用在离合器踏板上的力作为唯一的操作能源；助力式则以发动机动力或其他形式能量作为主要操纵能源，驾驶员施力只作为辅助或后备操纵能源。人力式操纵机构分为机械式操纵机构和液压式操纵机构。

（1）机械式操纵机构。机械式操纵机构又分为杆式和绳索式两种。

①杆式操纵机构由一组杆系组成，其特点是结构简单，工作可靠，成本低，故障少，但杆件间交接点多，摩擦损失大，车架或车身变形会影响其工作，远距离操作时杆系布置较困难。

②绳索式可用较少的零件完成与杆式操纵机构相同的控制作用。离合器拉索操作机构占用空间小，而且由于它是柔性的，可以绕过底盘中的制动装置或转向装置，因此，得到广泛作用。

（2）液压式操纵机构。液压式操纵机构以液压油作为传力介质。离合器液压操纵系统由离合器踏板、储液罐、进油软管、离合器主缸、离合器工作缸、油管总成、分离轴承等组成。

❸ 离合器踏板的自由行程

1）离合器踏板的自由行程

消除离合器内部间隙及零件的弹性变形所需要的离合器踏板的行程，即离合器踏板的自由行程。

2）检查离合器踏板的自由行程

离合器踏板的行程分自由行程和有效行程，自由行程是离合器膜片弹簧内端子与分离轴承之间的间隙在踏板上的反映。

如果踏板没有自由行程，即在放松离合器踏板使离合器处于接合状态时，分离轴承仍与膜片弹簧内端保持接触，这样，将会加速分离轴承损坏；如果膜片弹簧受到分离轴承的推压，在传送发动机转矩时，将会使离合器发生打滑现象。

如果离合器自由行程过大，则使分离轴承推动膜片弹簧前移的行程缩短，压盘向后移动的距离也随之缩短，不能完全解除压盘对从动盘的压力，从而不能使离合器彻底分离，造成换挡困难。

四 项目实施

（一）技术标准与要求

（1）规范进行离合器踏板行程的检查与调整。
（2）两名学生相互配合。
（3）技术标准见下表。

上海别克凯越轿车离合器踏板行程标准

名　称	限值（mm）	名　称	限值（mm）
踏板自由行程	6~12	踏板分离行程	30~40
踏板工作行程	130~140	液压油规格	DOT3 制动液
踏板高度	136~152		

（二）实训时间

离合器踏板行程检查与调整实训时间为 30min。

（三）实训器材

（1）别克凯越轿车 1 辆。
（2）车内清洁三件套、车外护裙粘贴、场地清洁工具等。
（3）检查调整工具如下图。

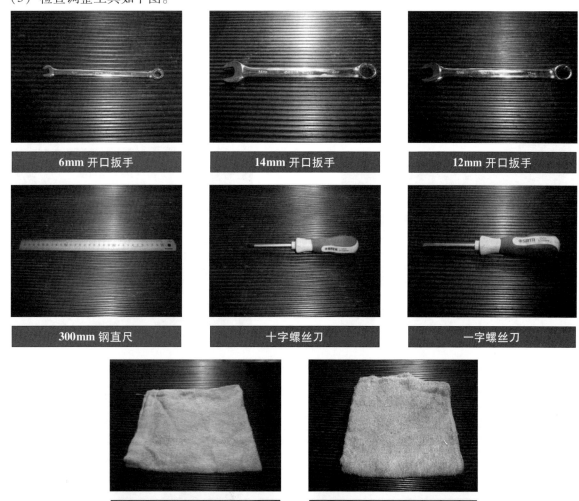

（四）教学组织

1 教学组织形式

每辆车可安排 8 名学生参与实训，两人为一组。

2 学生站位分工和要求

每组两名学生参与实训，按照 1 号、2 号进行编号，1 号学生为主，2 号学生为辅；其他学生在旁边观察。

3 实训教师职责

（1）讲解操作任务的作业流程、操作步骤、技术规范和注意事项。
（2）组织学生进行操作。
（3）在实训中进行巡视检查、指导，纠正学生的错误。

4 学生职责变换

4组学生实行职责轮流变换制度：第一次一组进行操作，二组进行指导，三组进行观察，四组进行评分。然后进行依次循环，循环结束后每组内1号学生与2号学生转换位置，进行再次循环。

（五）操作步骤

第一步 操作前准备

 车辆进入工位前，应将工位卫生清理干净，并准备好相关的工具、物品等。

提示：

培养良好的工作习惯，做好事前准备，有利于安全操作和提高工作效率。

 由教师将车辆停驻在举升机平台的中心位置。

提示：

此项工作必须由有驾照的教师完成，不能让学生移动车辆，并且在驾车过程要注意安全。

 1号学生安装车内转向盘套、座椅套和脚垫三件套。

提示：

（1）安装三件套的主要目的是保护操作中能接触到的设施表面，保持车内清洁。
（2）保护罩是由薄塑料、无纺布等材料制成，极易破损。在安装时，要用力均匀，防止因用力过大造成损坏。

离合器踏板行程的检查与调整 项目1

 1号学生进入车内,确认拉紧驻车制动器操纵杆。

提示:

为保证车辆在工位上可靠停放,防止出现移动,造成直接安全事故,要检查并拉紧驻车制动器操纵杆。

 将变速器操纵杆置于空挡。

提示:

如何把变速器操纵杆置于空挡,教师要告知学生,并指导学生如何操作。

 1号学生在车轮的前后行驶方向上,塞上车轮挡块。

提示:

为了确保车辆的可靠停驻,须在车轮下放置挡块。每个车轮上都要塞上车轮挡块。

 2号学生打开发动机舱盖开关。

提示:

学生打开发动机舱盖开关时,用力不能过猛,以防拉断手柄。

8 1号学生打开发动机舱盖,并可靠支撑发动机舱盖。

提示:

将支撑杆插入发动机舱盖支撑孔时,要保证准确插入孔中,防止支撑杆从孔中滑出,发生安全事故。

9 1号学生把护裙粘贴在汽车左、右侧翼子板和车辆前格栅上，要求护裙应将汽车翼子板和前格栅全部覆盖。

提示：

粘贴翼子板和车辆前格栅布主要目的是保护车漆。在粘贴时，由于是通过磁铁吸附在翼子板上，所以要慢慢靠近让它吸附，而不允许速度太快，出现碰撞声。

▲ 第二步 检查储液罐中液面高度

 在发动机舱内找到离合器液压操纵系统的储液罐。

提示：

（1）要求学生在发动机舱中能区别出几种不同的储液罐。

（2）离合器液压系统与液压制动系统共用一个储液罐。

 清洁储液罐外壳。

提示：

干净的外壳，便于清楚地看到最低、最高的液面刻度线和实时的液面高度。

 2号学生检查储液罐中液面的高度。

提示：

（1）注意观察当前液面是否处在最低、最高的液面刻度线之间。

（2）如果储液罐中液压油液面过低，会造成液压系统油压不足，离合器踏板有效行程缩短，踩下离合器踏板时离合器分离不彻底，造成换挡困难或无法换挡。

（3）当储液罐中液量不足时，应添加适量液压油，达到规定液面高度。

离合器踏板行程的检查与调整 项目 1

 检查液位传感器是否正常。

提示：

（1）2号学生起动发动机，并拉紧驻车制动器操纵杆。
（2）1号学生打开储液罐盖，用干净的螺丝刀顶住罐内浮子，并往罐底压。
（3）当储液罐中液面低于规定值时，组合仪表中的制动液液位指示灯点亮报警。

 2号学生在车内察看组合仪表中的制动液液位指示灯是否点亮。

提示：

（1）2号学生在车内应看到驻车制动器指示灯会点亮，说明液位传感器正常，否则有故障，应予更换。
（2）1号学生，盖好储液罐盖。

第三步　拆下离合器踏板上方的附件

 打开离合器踏板上方面板上的储物盒。

提示：

（1）打开储物盒，是为了便于松开螺钉。
（2）以下操作以1号学生为主。

 解开发动机舱盖拉索与发动机舱盖拉手开关的连接。

提示：

（1）分解时，操作者应躺在脚垫上，脸向上。
（2）用一字螺丝刀，分解发动机舱盖拉索与发动机舱盖拉手开关的连接。
（3）注意不要刮花面板和撬坏拉手开关。

 选择合适的工具，由1号学生进行拆卸。

提示：

选用十字螺丝刀，拧下面板上的两个自攻螺钉，然后递给2号学生。

4 取下离合器踏板上方面板。

提示：

（1）面板下端的卡扣、簧夹不要随意放置，以免弄丢。

（2）2号学生把1号学生拆下的零件，依次摆放在零件车上。

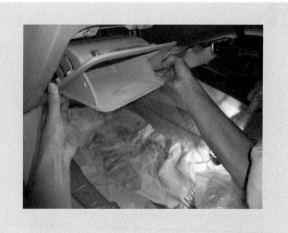

🌲 第四步　离合器踏板行程的检查与测量

 1号学生打开车门，往后移动驾驶员座椅。

提示：

通过向后移动座椅，为离合器踏板的检查与测量留出足够的空间。注意应先扳起座椅下的锁止开关，然后再向后推动座椅。

 取出离合器踏板下方的底板垫。

提示：

为了能准确地测量离合器踏板的高度，须将那块厚的底板垫取出，学生作业前铺上去的纸垫可以放在该位置不动。

3 1号学生用钢直尺测量踏板高度。

提示：

（1）2号学生先将钢直尺擦干净，能够看清楚上面的刻度线，然后递给1号学生。

（2）1号学生在测量时，应使钢直尺有厘米刻度线的一面朝观察者。

离合器踏板行程的检查与调整　项目1

 1号学生用钢直尺测量踏板的自由行程。

提示：

（1）右手握住钢直尺，并观察踏板初始位置时的刻度线。

（2）左手按压离合器踏板，当按压阻力突然增大时，停止下压，观察此时的刻度线。

（3）根据上述两次读出的数值，计算出踏板的自由行程。

离合器踏板的自由行程 = 踏板高度初始值 - 左手按压踏板后读出的高度数值

第五步　离合器踏板的调整

 找到离合器踏板行程调整位置。

提示：

（1）操作者应躺在脚垫上，脸向上。

（2）确定离合器踏板行程调整位置。

（3）需要用灯光照明。

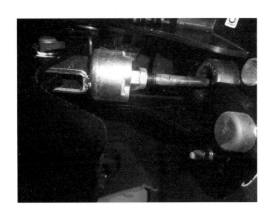

 由1号学生进行调整，2号学生将工具递给1号学生。

提示：

2号学生将12mm开口扳手和6mm开口扳手递给1号学生。

 先松开调整螺母旁的紧固螺母。

提示：

先用6mm开口扳手固定离合器主缸推杆，然后用12mm开口扳手松开紧固螺母。

注意：里面空间比较狭小，操作时要防止碰到其他的零件，并要防止碰伤手指。

然后用开口扳手拧动调整螺母,进行调整。

提示:

先用6mm开口扳手固定离合器主缸推杆,然后用14mm开口扳手拧动调整螺母。根据离合器踏板自由行程的大小,确定拧动调整螺母的旋转方向。

 用紧固螺母进行固定,并由学生报告老师,调整完毕。

提示:

(1)当离合器踏板的自由行程符合规定值后,用紧固螺母对调整螺母进行固定。

(2)先用14mm开口扳手固定调整螺母不动,然后用12mm开口扳手拧动紧固螺母朝调整螺母方向转动,直到不能转动为止。

(3)调整完毕,学生向老师报告。

 调整好之后,进行测量,如不符合标准值,继续调整,直至符合标准值。

提示:

(1)1号学生调整完毕后,接着进行测量,测量值与该车型的标准值比较,从而确定该值是否符合标准。

(2)如不符合标准值,再重复以上有关步骤,进行调整,直至符合标准值。

(3)如果总行程小于标准值,应检查离合器主缸、工作缸、推杆、分离叉等相关部件,是否出现卡滞等现象。排除故障后,再次测量离合器踏板总行程,直到符合标准值为止。

第六步 离合器分离点的检查

 在举升平台上,摆上举升垫块。

提示:

(1)将车辆停放在举升平台的中心。
(2)举升垫块放在车底两侧。

使举升平台上升,当举升垫块与车辆底部快要接触时,停止举升,检查垫块放置位置是否正确。

提示:

(1) 使举升平台初步上升,到达如下图所示位置,使垫块与车辆底部有20mm左右间隙。

(2) 1号学生确认车辆底部的垫块位置正确。

(3) 观察车辆是否有左右倾斜。

 继续举升车辆,使车轮离开地面。

提示:

(1) 2号学生确认车辆安全后,继续举升车辆。

(2) 使车轮离开地面30mm,有利于学生下一步的操作。

 1号学生进入车内,起动发动机并怠速运转。

提示:

(1) 1号学生确定变速器操纵杆在空挡状态下,起动发动机,严禁挂挡起动。

(2) 使发动机达到正常工作温度。

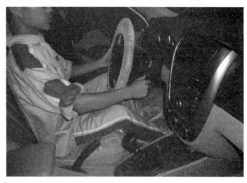

 1号学生踩下离合器踏板,把变速器操纵杆挂入倒挡,并松开离合器踏板。

提示:

(1) 1号学生左脚先踩下离合器踏板,再挂入倒挡。

(2) 挂入倒挡后,松开左脚下的离合器踏板。

 1号学生再次慢慢踩下离合器踏板,同时由2号学生用钢直尺测量离合器的分离点。

提示:

(1) 2号学生手拿钢直尺,靠在离合器踏板旁。并注意察听变速器工作声音。

(2) 1号学生左脚慢慢踩下离合器踏板,同时2号学生听变速器工作声音有无改变,如果声音变小,此时离合器踏板的高度即为离合器的分离点,2号学生读出钢直尺上的刻度——离合器踏板的高度。

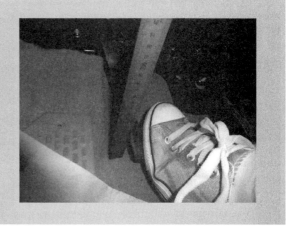

🌲 第七步　车辆运行试验

 由教师进行试验，打开点火开关，起动发动机。

提示：

（1）离合器调整好之后，运行是否良好、操作是否顺畅，这需要有经验的老师来进行试验。

（2）发动机运转达到正常的工作温度。

 先将离合器踏板踩到底，然后操纵变速器操纵杆，变换各个挡位，检查换挡时是否灵活、轻便、迅速及有无异响。

提示：

操作过程中，需模拟实际行车过程中的换挡过程。

3 在条件许可下，可进行上路检验，验证离合器有无打滑、离合器踏板位置是否适当。

提示：

（1）在空载试验中，不能很好地验证离合器有无打滑，需通过路试来检验。一般由老师来操作检验。

（2）如教师验证后，离合器效果不佳，则交由学生重新调整。应继续检查或调整离合器踏板的位置。

🌲 第八步　安装踏板上方附件

 1号学生将发机舱盖拉手开关与面板分离。

提示：

在分离过程中，用一字螺丝刀，应注意防止刮花面板和撬坏卡扣。

离合器踏板行程的检查与调整 项目1

 1号学生把发动机舱盖拉索头与发动机舱盖拉手开关连接在一起。

提示:

注意在安装过程中,防止损坏发动机舱盖拉索头。

 1号学生把面板安装在原来的位置。

提示:

注意面板上的卡簧夹也要安装到位,防止面板安装后产生松动。

4 1号学生在面板上小储物盒打开的情况下,安装储物盒两个固定螺钉,并拧紧。

 在面板下方,安装上发动机舱盖拉手开关。

提示:

安装时要对准卡扣的凹槽。

6 把原车脚垫放回原位,并在上面铺上清洁使用的纸脚垫,把驾驶员座位移到合适的位置。

提示:

铺上原车脚垫后,再在上面铺上纸脚垫。

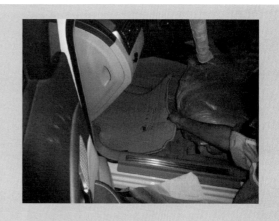

13

第九步 整理工作

 1号学生清理车内卫生。

提示:

用干净的抹布擦拭。

 1号学生取下车内清洁用三件套。

提示:

取下时按照转向盘套、座椅套及脚垫的次序取出。

 2号学生取下翼子板布和前格栅布。

提示:

取下后折叠放入工具车内。

 2号学生清洁和整理工具。

提示:

用普通的抹布擦拭工具，擦好后放入工具袋。

 2号学生盖好发动机舱盖。

提示:

（1）一只手稍微抬起发动机舱盖并扶住，另一只手放下支撑杆，并使支撑杆得到可靠固定。

（2）两手慢慢放下发动机舱盖，盖好发动机舱盖。

 1号学生清洁车外部。

提示:

用干净的抹布擦拭。

2号学生取出举升机垫块和车轮挡块。

提示:

把取出的垫块和车轮挡块,放到规定的位置。

 由教师把车辆驾离维修车间,1号、2号学生共同打扫地面卫生。

提示:

车辆须由有驾照的老师驾离,然后学生清洁场地,确保工作环境干净。

五 考核标准

考 核 标 准 表

序号	操作步骤	考 核 项 目	满分	评分标准	得分
1	一、操作前准备	将工位卫生清理干净	2	未清理扣2分	
2		由教师将车辆停驻在举升机平台的中心位置	1	操作不当扣1分	
3		1号学生安装车内三件套	2	安装不到位扣2分	
4		1号学生进入车内,确认拉紧驻车制动	1	检查不当扣1分	
5		并将变速器操纵杆置于空挡	2	操作不当扣2分	
6		2号学生塞上车轮挡块	2	操作不到位扣2分	
7		1号学生打开发动机舱盖开关	1	操作不当扣1分	
8		2号学生打开发动机舱盖,并可靠支撑发动机舱盖	2	操作不当扣2分	
9		2号学生把护裙粘贴在汽车左、右侧翼子板和车辆前格栅上	2	操作不当扣2分	
10	二、检查储液罐中液压油液面高度	在发动机舱内找到离合器液压操纵系统的储液罐	2	操作不当扣2分	
11		清洁储液罐外壳	2	操作不当扣2分	
12		2号学生检查储液罐中液压油液面的高度	2	不能正确指认扣2分	
13		检查液位传感器是否正常	2	检查不到位扣2分	
14		1号学生在车内察看仪表灯是否点亮	2	观察不当扣2分	
15	三、拆下离合器踏板上方的附件	打开离合器踏板上方面板上的储物盒	2	操作不当扣2分	
16		解开发动机舱盖拉索与发动机舱盖拉手开关的连接	1	操作不当扣1分	
17		选择合适的工具,由1号学生进行拆卸	2	操作不到位扣2分	
18		取下离合器踏板上方面板	2	操作不当扣2分	
19		2号学生把1号学生拆下的零件,依次摆放在零件车上	2	操作不当扣2分	

续上表

序号	操作步骤	考 核 项 目	满分	评分标准	得分
20	四、离合器踏板行程的检查与测量	1号学生打开车门,往后移动驾驶员座椅	2	操作不当扣2分	
21		取出离合器踏板下方的底板垫	2	操作不当扣2分	
22		2号学生将钢直尺传递给1号学生,1号学生进行踏板行程的检查与测量	2	操作不当扣2分	
23		1号学生用钢直尺测量踏板高度	2	操作不当扣2分	
24		1号学生用钢直尺测量踏板的自由行程	4	测量方法不当扣2分/次	
25	五、离合器踏板行程的调整	找到离合器踏板行程调整位置	2	操作不当扣2分	
26		由1号学生进行调整,2号学生将工具递给1号学生	2	操作不当扣2分	
27		先松开调整螺母旁的紧固螺母	3	操作不当扣3分	
28		然后用开口扳手拧动调整螺母,进行调整	3	操作不当扣3分	
29		调整好之后,进行测量,如不符合规定值,继续调整,直至符合规定值	2	操作不当扣2分	
30		用紧固螺母进行固定,并由学生报告老师,调整完毕	1	未报告扣1分	
31	六、离合器分离点的检查	在举升平台上,摆上举升垫块	2	操作不当扣2分	
32		使举升平台上升,检查垫块位置是否正确	1	操作不当扣1分	
33		继续举升车辆,使车轮与地面离开	2	操作不当扣2分	
34		进入车内,起动发动机并急速运转	1	操作不当扣1分	
35		1号学生踩下离合器踏板,把变速器操纵杆挂入倒挡	2	操作不当扣2分	
36		1号学生再次慢慢踩下离合器踏板,同时由2号学生用钢直尺测量离合器的分离点	4	操作不当扣4分	
37	七、车辆运行试验	由教师进行试验,打开点火开关,起动发动机	6	请老师操作,做出评测结果,未达标扣6分	
38		先将离合器踏板踩到底,变换各个挡位检查换挡情况			
39		在条件许可下,可进行上路检验			
40		如教师验证后,离合器使用效果不佳,则重新调整			
41	八、安装踏板上方附件	1号学生将发动机舱盖拉手开关与面板分离	2	操作不当扣2分	
42		1号学生将发动机舱盖拉索头与发动机舱盖拉手开关连接	2	操作不当扣2分	
43		1号学生把面板安装在原来的位置	2	操作不当扣2分	
44		1号学生在面板上小储物盒打开的情况下,拧上两个固定螺钉,并拧紧	2	操作不当扣2分	
45		在面板下方,安装上发动机舱盖拉手开关	2	操作不当扣2分	
46		把原车脚垫放回原位	1	操作不当扣1分	
47	九、整理工作	1号学生清理车内卫生	2	操作不当扣2分	
48		1号学生取下车内清洁三件套	2	操作不当扣2分	
49		1号学生清洁车外部	2	操作不当扣2分	
50		2号学生清洁和整理工具	2	操作不当扣2分	
51		2号学生取下翼子板布和前格栅布	1	操作不当扣1分	
52		2号学生盖好发动机舱盖	1	操作不当扣1分	
53		2号学生取出举升机垫块和车轮挡块	1	操作不当扣1分	
54		由教师把车辆驾离,学生共同打扫地面卫生	1	操作不当扣1分	
		总分	100	实际得分	

六 知识拓展

离合器是汽车上一个频繁摩擦和分离的总成，它会随着使用时间和使用频率的增加而产生磨损，就会产生离合器打滑现象。对于有经验的驾驶员是可以提早发现的，比如判断离合器是否打滑，我们可以在原地着车时挂入一挡，这时不要松开驻车制动器操纵杆，然后慢慢抬起离合器踏板直至完全抬起，如果在离合器踏板抬起时，发动机熄火，这就证明你所调整的离合器不打滑。反之，如果离合器踏板都完全抬起了，而发动机还不熄火，就证明你所调整的离合器有问题了。

还有就是在起步时明显感觉到离合器踏板位置突然变高了，也是离合器打滑的前兆；再有就是我们在急加速时只是感觉发动机转速在不断升高，而车速却没有升高等这些情况都是离合器打滑的征兆。当出现离合器磨损或打滑时我们要及时检查和修理，否则，会使发动机输出的动力不能有效地传递给输出轴上，而是将动力损失在离合器摩擦片与飞轮之间的滑动摩擦上，并将相互之间的摩擦转变为热能消耗掉，这样会导致动力传输下降，同时还会费油，增加用车的成本。

项目 2　离合器液压系统液压油的检查与更换

一　学习目标

（1）了解检查离合器液压系统液压油的重要性；
（2）熟悉离合器液压系统结构与工作原理；
（3）掌握离合器液压系统工作油液的检查与更换技能；
（4）培养学生团队合作的能力。

二　情景导入

汽车在起步时，将离合器踏板踩到底仍感挂挡困难或虽然强行挂上挡，但不抬离合器踏板汽车就前移造成发动机熄火，并且变速器换挡困难，伴有变速器齿轮撞击声。

三　知识链接

离合器液压系统中的液压油，是踏板力操纵离合器接合或分离的传力介质。离合器采用液压操纵系统与机械操纵系统相比较，具有摩擦阻力小、布置方便、接合柔和，在长期使用过程中不会引起离合器踏板力明显增加，可减轻驾驶员劳动强度等优点。

离合器液压系统中的液压油，在车辆长期使用过程中，因自然消耗、维修过程的损失、泄漏等因素影响，存量会有所减少。所以应定期检查并及时添加液压油。当液压油的使用周期达到有效使用期限或车辆行驶里程时，会出现变质、脏污等现象，应及时更换，确保离合器液压系统正常工作。

当踩下离合器踏板时，推杆推动主缸活塞前移，关闭主缸进油口，随着活塞前移，管路中油压升高，油压作用在工作缸活塞上，工作缸活塞推动分离叉前移，使分离轴承压向压盘总成的膜片弹簧，使得压盘后移，离合器处于分离状态。

当放松离合器踏板时，在主缸内复位弹簧作用下，活塞后移，液压系统管路中油压下降，随着活塞继续移动，主缸与储油罐相通的进油口打开，液压系统管路内无油压，离合器处于接合状态。

离合器液压系统的组成如下图所示。

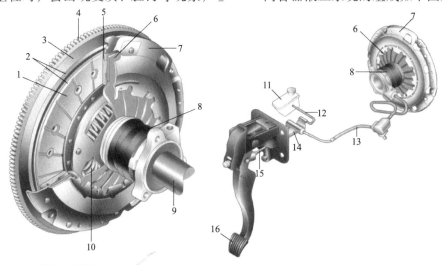

离合器液压系统的组成

1-从动盘；2-从动盘摩擦片；3-飞轮；4-飞轮齿圈；5-压盘；6-膜片弹簧；7-离合器盖；8-离合器工作缸（分泵）；9-变速器输入轴；10-从动盘减振弹簧；11-储液罐；12-低压油管；13-高压油管；14-离合器主缸（总泵）；15-推杆；16-离合器踏板

离合器液压系统液压油的检查与更换 项目 2

四 项目实施

（一）技术标准与要求

（1）别克凯越车型所用液压系统（含制动器和离合器）的液压油型号为 DOT-4。
（2）液压油更换周期为车辆行驶 30000km 或 18 个月更换一次。
（3）液压系统储液罐容量为 0.5L。
（4）储液罐中液压油的液面应保持在"MAX"与"MIN"两个标线之间。
（5）液压油液具有吸湿性，应储存在密封容器中。

（二）实训时间

实训时间为 20min。

（三）实训器材

10mm 套筒	10mm 开口扳手	短接杆
棘轮扳手	塑料杯	接油软管
干净抹布	普通抹布	制动液

（四）教学组织

1 教学组织形式

每辆车可安排 8 名学生参与实训，两人为一组。

2 学生站位分工和要求

一组两名学生参与实训，按照 1 号、2 号进行编号，1号学生为主，2号学生为辅；其他学生在旁边观察。

❸ 实训教师职责

（1）讲解操作任务的作业流程、操作步骤、技术规范和注意事项。

（2）组织学生进行操作。

（3）在实训中进行巡视检查，指导和纠正学生的操作错误。

❹ 学生职责变换

4组学生实行职责轮流变换制度：第一次一组进行操作，二组进行指导，三组进行观察，四组进行评分。然后进行依次循环，循环结束后每组内1号学生与2号学生转换位置，进行再次循环。

（五）操作步骤

🌲 第一步 操作前准备

 车辆进入工位前，应将工位卫生清理干净，并准备好相关的工具、物品等（同项目一）。

提示：

培养良好的工作习惯，做好事前准备，有利于安全操作和提高工作效率。

 由教师将车辆停驻在举升机平台的中心位置。

提示：

此项工作必须由有驾照的教师完成，不能让中职学生移动车辆，并且在驾车过程中要注意安全；拉紧驻车制动器操纵杆并将变速器操纵杆置于空挡位置。

 1号学生安装车内清洁三件套。

提示：

（1）安装三件套的主要目的是保护操作中能接触到的车内表面，保持车内清洁。

（2）保护罩的是由薄塑料、无纺布等材料制成的，极易破损。在安装时，要用力均匀，防止因用力过大造成损坏。

 1号学生进入车内，确认拉紧驻车制动器操纵杆。

提示：

要确认拉紧驻车制动器操纵杆，保证安全。

5 1号学生将变速器操纵杆置于空挡。

🔔 提示：

防止在起动发动机时，进行挂挡起动。操作时，把右手放在变速器操纵杆上，进行左右摇晃，确认挡位置于空挡。

 6 2号学生在车轮的前后行驶方向上，塞上车轮挡块。

🔔 提示：

为了确保车辆的可靠停驻，顶在车轮前后放上车轮挡块，每个车辆都要塞上车辆挡块。

 7 1号学生打开发动机舱盖开关。

🔔 提示：

先要确认发动机舱盖开关位置，然后用适当的力，向外扳动开关。

 8 2号学生打开发动机舱盖，并可靠支撑发动机舱盖。

🔔 提示：

将支撑杆插入发动机舱盖支撑孔时，要保证接触可靠，否则，发动机舱盖滑落会造成人身伤害。

9 2号学生把护裙粘贴在汽车左、右侧翼子板和车辆前格栅上，要求护裙应将汽车翼子板和前格栅全部覆盖。

🔔 提示：

（1）粘贴护裙是保护操作中能接触到的车漆表面。
（2）安装护裙时，要控制护裙与翼子板的距离，当快接近时，松开护裙，使护裙轻轻地与翼子板吸合，不允许听到磁铁接触碰撞声。

第二步 检查储液罐中液面高度

 在发动机舱内找到离合器液压操纵系统的液压油储液罐。

提示：

（1）离合器液压操纵系统的储液罐一般在驾驶室的正前方，并靠近防火墙。

（2）制动器与离合器所用的液压油都储存在储液罐中。

（3）以下操作以1号学生为主。

 清洁储液罐外壳。

提示：

为了更好地观察储液罐中液压油液面的高度，须对外壳进行清洁处理，防止观察有误，做出错误判断，导致出现不必要的操作。

 检查储液罐中液面的高度。

提示：

（1）如果储液罐中液压油的液面过低，将会造成液压管路中液压油的油压不足，离合器踏板有效行程缩短，踩下离合器踏板时离合器分离不彻底，导致变速器换挡困难或无法换挡。

（2）当储液罐中液压油的液面低于规定值时，组合仪表中的液压油液位指示灯会点亮报警，提醒驾驶员检查或添加液压油。

 打开液压油储液罐盖，检查液位传感器是否正常，用螺丝刀顶住浮子并下压。

提示：

在顶住浮子下压的过程中，动作要慢，防止液压油向外溅出，造成损耗。在触碰到储液罐底后，要按住不放，持续2~3s，以便车内同学观察。

 2号学生在车内察看仪表板上的液压油液位指示灯是否点亮。

提示：

在1号学生下压浮子的过程中，同时发出指

令，要求2号学生在车内察看仪表板上的液压油液位指示灯是否点亮，确认液位传感器是否正常。

 1号学生查看液压油的颜色。

提示：

正常的液压油颜色为淡白色，且有点透明。

 1号学生盖上液压油储液罐盖。

提示：

把液压油储液罐盖擦干净后，盖上，并拧到底。

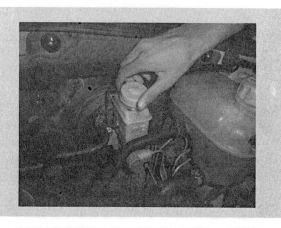

第三步　检查离合器液压操纵系统有无渗漏

1 拆下冷却液储液罐的固定螺母。

提示：

用合适的工具将冷却液储液罐的固定螺母拆下。主要目的是为能更好地检查离合器主缸的外壳。

 向发动机方向移动冷却液储液罐，便于观察离合器主缸。

提示：

在移动冷却液储液罐时，注意用力，防止拉断皮管，造成冷却液泄漏。移出的空间只要能查看到离合器主缸即可。

2号学生进入车内，连续踩踏离合器踏板数次，对系统进行加压，然后将离合器踏板踩到底并保持位置不变。

提示：

1号学生根据车内2号学生的指令，检查车外的离合器主缸外壳。

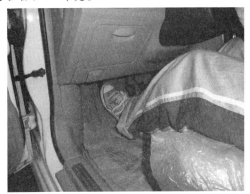

 1号学生检查离合器主缸进出油口处、储液罐是否存在漏油现象。

提示：

检查时，先用抹布清洁主缸外壳。

 1号学生观察离合器软管、工作缸进油口等部位，是否存在漏油现象。

提示：

（1）注意查看工作缸壳体是否有油渍，进油口和出油口的连接处是否有油液渗漏。

（2）如果有则要进行修理或更换。应在修复后，再进行液压油添加、更换的操作，以免造成液压油损失及影响系统正常的工作。

 安装冷却液储液罐。

提示：

在安装固定冷却液储液罐之前，应把冷却液储液罐所连接的皮管摆放好，避免皮管打结。

第四步　向储液罐添加液压油

1 1号学生用手旋下液压油储液罐盖，擦净油液后传递给2号学生。

2号学生把液压油瓶递给1号学生,并检查液压油型号是否正确。

提示:

1号学生要先查看车辆的维修手册,确认该车所用液压油的型号,并与目前现有的液压油进行查看、对比,确保所用液压油的可靠性,防止不同型号液压油混合使用。

 1号学生把液压油瓶内的液压油倒入储液罐。

提示:

在倒入液压油时,应对准罐口缓慢倒入,并随时查看储液罐内液面的位置,防止因注入液压油过多而溢出。如有溢出应及时用抹布清理干净。

 1号学生检查储液罐液面高度。

提示:

注入罐内的液压油液面高度应在"MAX"与"MIN"两个刻度线之间。

 1号学生盖好储液罐盖。

提示:

在盖好之前应清洁储液罐外部,储液罐盖拧好之后,还要作进一步的清理。

第五步 排放及添加液压操纵系统液压油

 1号学生找到变速器壳体上的离合器工作缸,同时2号学生将工具递给1号学生。

提示:

离合器工作缸在变速器壳体上,比较明显的有一根皮管从主缸上引过来,一直连接到工作缸进油口处。

1号学生打开离合器工作缸放油螺塞的防尘罩。打开时，注意不要用力过大，而扯断防尘罩。

2号学生把塑胶软管递给1号学生，并将容器放置于车辆下面。

提示：

（1）2号学生应检查塑胶软管两端是否干净。

（2）摆放接收排出液压油的容器的位置是否合理，一般放在车辆下面，避免工作人员的脚碰到。

 1号学生在离合器工作缸放油螺塞上接上软管。

提示：

塑胶软管的内径大小应与工作缸放油螺塞的外径大小一致，避免过大或过小而不匹配。接上软管后应检查软管安装是否牢靠。

 2号学生将软管另一端插入旧液压油接收容器中。

提示：

能确保旧液压油排放到容器中，防止旧液压油直接排放到地面上，影响操作安全，所以一旦有旧液压油污染地面，应及时清理。

 2号学生选择合适工具（10mm 开口扳手）递给1号学生。

1号学生用10mm 开口扳手拧松离合器工作缸上的放气螺塞。

提示：

1号学生彻底松开离合器工作缸上的放气螺塞，并让旧液压油流出来；同时观察软管内油液的流动。

 1号学生取下液压油储液罐盖。

提示：

取下液压油储液罐盖的目的是有利于快速排放液压系统中的旧液压油。

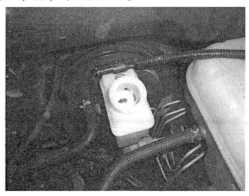

2号学生进入驾驶室，连续踩踏离合器踏板。

提示：

当发现旧液压油的排出量减小后，1号学生应拧紧放气螺塞，2号学生则继续踩踏离合器踏板。

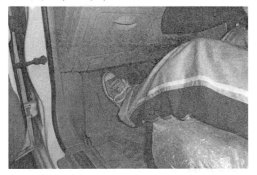

 1号学生观察液压系统旧液压油的排放情况。

提示：

注意察看车下盛旧液压油容器和储液罐液位的变化。要防止油液的液位过低而导致空气大量进入到液压系统中。

 随着液压油储液罐液位的降低，1号学生要往储液罐中随时添加新的液压油。

提示：

在添加新的液压油时，2号学生应停止踩动离合器踏板。

 1号学生要观察塑胶软管中液压油颜色的变化，直至有清白的新液压油排出为止。

提示：

（1）一般情况下，经过一段时间使用的离合器液压油颜色呈暗淡色，而新鲜的液压油呈亮白色，通过颜色对比就可以知道，当有清白的液压油排出时，原有的离合器液压系统中的旧液压油已被排放干净。

（2）当工作缸的放气螺塞处有清白的液压油排出时，1号学生即拧紧放气螺塞。

 在盛放旧液压油的容器中，观察留出的旧液压油中是否有气泡。

提示：

2号学生踩踏离合器踏板数次后，将离合器踏板踩到极限位置并保持；1号学生拧松放气螺塞排放系统中的空气。如此反复进行，直到系统中排出的液压油在容器中不再有气泡产生为止。

12 当盛放旧液压油的容器中不再有气泡出现，1号学生拧紧工作缸放气螺塞，并通知2号学生停止踩踏离合器踏板。

13 1号学生取下塑胶软管，1号学生把塑胶软管和盛放旧液压油容器交给2号学生，放置到零件车上。

提示：

在整理塑胶软管时，要用抹布裹住塑胶软管两端，防止油液滴落。

1号学生盖好放油螺塞的防尘罩。

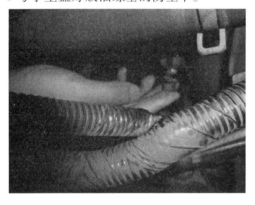

14 1号学生检查液压油储液罐中的液位，若不足则添加。

提示：

注入新的液压油后，储液罐内的液面高度应在"MAX"与"MIN"两个刻度线之间。

15 1号学生旋紧液压油储液罐盖。

提示：

由于离合器液压油具有吸湿性，所以察看完成后要及时旋紧储液罐盖。

🌲 第六步　车辆运行试验

1 2号学生进入驾驶室。

2号学生起动发动机,怠速运转使发动机达到正常工作温度。

提示:

(1) 1号学生确定空挡状态下,起动发动机,严禁挂挡启动。

(2) 怠速运转暖机,使发动机达到正常工作温度。

 2号学生将离合器踏板踩到底,操纵换挡杆,变换挡位,验证换挡是否轻便、灵活、可靠,且换挡时有无异响。

提示:

验证换挡之前,要把车辆升起,使车轮离地,并做好必要的安全保护。

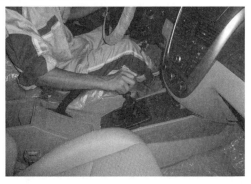

 1号学生检查液压操纵系统的储液罐液位,若不足则添加。

提示:

1号学生注意察看储液罐液位,液面是否位于"MAX"与"MIN"两个刻度线之间,不足要添加。

 1号学生检查液压操纵系统各部件及管路有无渗漏。

提示:

注意察看离合器液压操纵系统各部件及管路的接头处,特别是隐藏的部位也要检查到位,防止遗漏。

6 检验正常,则更换离合器液压系统工作油液的作业项目操作完毕。

提示:

学生操作完毕之后,须向指导老师汇报。汇报内容包括作业过程中存在的问题、心得,以及今后如何改进等。

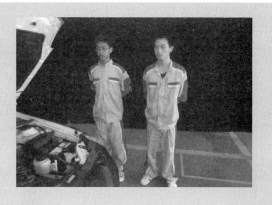

第七步 整理工作

 1号学生清理车内卫生。

提示：

用干净的抹布擦拭。

 1号学生取下三件套。

提示：

取下时按照转向盘套、座椅套及脚垫的次序。

 1号学生清洁车面。

提示：

用干净的抹布擦拭。

 2号学生清洁和整理工具。

提示：

用普通的抹布擦拭工具，擦好后放入工具袋。

 2号学生取下翼子板布和前格栅布。

提示：

取下后折叠，放入工具车内。

 2号学生盖好发动机舱盖。

提示：

（1）一手稍微抬起发动机舱盖并扶住，另一手放下支撑杆，并使支撑杆得到可靠固定。

（2）两手慢慢放下发动机舱盖，盖好发动机舱盖。

离合器液压系统液压油的检查与更换 项目2

 7 2号学生取出垫块和车轮挡块。

提示:

把取出的垫块和车轮挡块,放到规定的位置。

 8 由教师把车辆驶离,1号、2号学生共同打扫地面卫生(同项目一)。

提示:

车辆须由有驾照的老师驶离,然后学生清洁场地,确保工作环境干净。

五 考核标准

考 核 标 准 表

序号	操作步骤	考 核 项 目	满分	评分标准	得分
1	一、操作前准备	将工位卫生清理干净	2	未清理扣2分	
2		由教师将车辆停驻在举升机平台的中心位置	2	操作不当扣2分	
3		1号学生安装车内三件套	2	安装不当扣2分	
4		1号学生进入车内,确认拉紧驻车制动器操纵杆	1	操作不当扣1分	
5		并将变速器挡位置于空挡	1	操作不当扣1分	
6		2号学生塞上车轮挡块	2	操作不到位扣2分	
7		1号学生打开发动机舱盖开关	1	操作不当扣1分	
8		2号学生打开发动机舱盖,并可靠支撑发动机舱盖	2	操作不当扣2分	
9		把护裙粘贴在汽车左、右侧翼子板和车辆前格栅上	2	操作不当扣2分	
10	二、检查储液罐中液面高度	在发动机舱内找到离合器液压操纵系统的储液罐	1	操作不当扣1分	
11		清洁储液罐外壳	1	操作不当扣1分	
12		检查储液罐中液面的高度	2	操作不当扣2分	
13		打开储液罐盖,检查液位传感器是否正常	2	操作不到位扣2分	
14		在车内察看仪表灯是否点亮	1	观察不到位扣1分	
15		察看油液的颜色	1	操作不当扣1分	
16		盖上储液罐盖	1	操作不当扣1分	
17	三、检查离合器液压操纵系统是否渗漏	拆下副水箱的固定螺栓	2	操作不当扣2分	
18		往发动机方向移动副水箱,便于观察离合器主缸	1	操作不当扣2分	
19		连续踩踏离合器踏板数次	3	操作不当扣3分	
20		检查离合器主缸进出油口处、储液罐是否存在漏油	1	操作不当扣1分	
21		观察离合器软管、工作缸进出油口等部位,是否存在漏油	2	检查不当扣2分	
22		安装副水箱	2	操作不当扣2分	

续上表

序号	操作步骤	考核项目	满分	评分标准	得分
23	四、向储液罐添加油液	用手旋下储液罐盖	1	操作不当扣1分	
24		检查油液型号	2	型号未检查扣2分	
25		把油液瓶内的油液倒入储液罐	2	操作不当扣2分	
26		检查液位高度	1	操作不当扣1分	
27		盖好储液罐盖	1	操作不当扣1分	
28	五、排放及添加液压操纵系统油液	2号学生将工具递给1号学生	1	操作不当扣1分	
29		打开离合器工作缸放油螺塞的防尘罩	2	操作不当扣2分	
30		2号学生把塑胶软管递给1号学生,并将容器放置于车辆下面	2	操作不当扣2分	
31		在离合器工作缸放油螺塞上接上软管	2	操作不当扣2分	
32		将软管另一端插入容器中	2	操作不当扣2分	
33		2号学生将工具递给1号学生	1	操作不当扣1分	
34		用工具拧松离合器工作缸上的放气螺塞	2	操作不当扣2分	
35		取下储液罐盖	1	操作不当扣1分	
36		进入驾驶室,连续踩踏离合器踏板	2	操作不当扣2分	
37		观察油液的排放情况,注意察看液位	2	观察不仔细扣2分	
38		添加油液	2	操作不当扣2分	
39		观察塑胶软管中油液颜色的变化	1	观察不仔细扣1分	
40		在盛油液的容器中,观察留出的油液中是否有气泡	2	观察不仔细扣2分	
41		拧紧工作缸放气螺塞,并停止踩踏离合器踏板	4	操作不当扣4分	
42		取下塑胶软管,放置到零件车上	1	操作不当扣1分	
43		盖好放油螺塞的防尘罩	2	操作不当扣2分	
44		检查储液罐中的液位,若不足则添加	1	操作不当扣1分	
45		旋紧储液罐盖	1	操作不当扣1分	
46	六、车辆运行试验	进入驾驶室	2	操作不当扣2分	
47		起动发动机,使发动机到达正常工作温度	2	操作不当扣2分	
48		将离合器踏板踩到底,操纵换挡杆,变换挡位	3	操作不当扣3分	
49		检查液压操纵系统的储液罐液位,若不足则添加	1	操作不当扣1分	
50		检查液压操纵系统各部件及管路有无渗漏	2	操作不当扣2分	
51		检验正常,则操作完毕	2	操作不当扣2分	
52	七、整理工作	1号学生清理车内卫生	2	操作不当扣2分	
53		1号学生取下三件套	2	操作不当扣2分	
54		1号学生清洁车面	2	操作不当扣2分	
55		2号学生清洁和整理工具	2	操作不当扣2分	
56		2号学生取下翼子板布和前格栅布	1	操作不当扣1分	
57		2号学生盖好发动机舱盖	1	操作不当扣1分	
58		2号学生取出垫块和车轮挡块	1	操作不当扣1分	
59		由教师把车辆驶离,学生共同打扫地面卫生	4	操作不当扣4分	
		总分	100	实际得分	

六 知识拓展

一般情况下，在手动挡的汽车中，离合器液压系统中所用的油液与汽车制动系统所用的油液是同一种，所以也称为汽车制动液，并储存在同一个储液罐中。其质量好坏，选择使用正确与否直接关系到行车安全。随着汽车工业的迅猛发展，汽车高速化的趋势越来越明显，制动液的作用更是至关重要了。制动液的质量按 API 分类分成 DOT4、DOT3、DOT2 三个级别，目前最高级别是 DOT4 级。符合现代汽车制动系统工作要求的是 DOT3 级以上的制动液。制动液又可分为醇型制动液、矿物油型制动液、硅油型制动液及合成型制动液。合成型制动液具有很多优点：沸点较高，低温流动性良好，吸水性小，不影响沸点和低温流动性；化学稳定性良好，对金属有防腐、防锈作用，不易分解变质而产生沉淀物；对橡胶件的腐蚀和溶胀性小，以保证密封件不会严重变形等。制动液的性能指标见下表。

制动液的性能指标表

制动液性能指标	沸点（干）	沸点（湿）
DOT3	205℃	140℃
DOT4	230℃	144℃

制动液有很强的吸水性，在使用一定时间后空气中的水分会从工作缸的密封圈处进入泵体并积存在那里，水会沸腾产生气泡导致制动失灵，严重影响安全性。水还会腐蚀工作缸使工作缸生锈，活塞动作不灵导致制动失灵或复位失灵。因此，有关专家提醒，使用中的制动液应定期更换，一般更换周期为一年或行驶里程大于 20000km。那么，如何才能知道车上的制动液是否失效呢？最保险的方法是用专业的检测笔进行检测。将检测笔放入制动液中，如果检测灯显示的是绿色，代表正常；黄色代表制动液已进入更换期，红色则意味着制动液含有过多水分，已完全失效，继续使用的话将十分危险。下图所示为制动液实物图。

制动液

在选用制动液时应注意严禁混加制动液，更换或新加的制动液应与主机厂推荐的制动液型号相匹配。有的用户经常混用制动液，这是十分危险的。由于不同种类的产品所使用的原料、添加剂和制造工艺不同，混合后会出现浑浊或沉淀现象，如不注意观察很难发现。这不仅会大大降低原制动液的性能，而且沉淀颗粒会堵塞管路造成制动失灵的严重后果。因此，专业技师建议，最好能重新更换成 DOT3 级别以上的制动液。

项目 3　手动变速驱动桥的拆卸与安装

一　学习目标

（1）了解汽车传动系统的布置形式；
（2）熟悉手动变速驱动桥的结构和工作原理；
（3）掌握手动变速驱动桥的拆卸与安装技能；
（4）培养学生团队合作的能力。

二　情景导入

凯越轿车在行驶过程中，发现挂挡困难，挂上挡位后手动变速器内有异响。经初步检查，需拆下变速驱动桥进行解体检查，以便确定故障部位，对其内部损坏的部件（离合器、变速器、差速器等）进行维修或更换。

三　知识链接

传动系统的布置形式，有发动机前置后轮驱动、发动机前置前轮驱动、发动机后置后轮驱动、发动机中置后轮驱动和四轮驱动五种形式。其中发动机前置前轮驱动是轿车中常见的一种布置形式，它简称为前置前驱动，英文简称为FF。发动机布置在汽车前部，动力经过离合器、变速器、前驱动桥，最后传到前驱动车轮，这种布置形式在变速器与驱动桥之间省去了万向传动装置，使结构简单紧凑，整车质量小，高速时操纵稳定性好。

驱动桥是汽车传动系统的组成部分，驱动桥不仅能改变动力传递方向而且还有减速增矩的作用。驱动桥工作状况的好坏对汽车的使用性能是至关重要的。

汽车传动系统如下图所示。

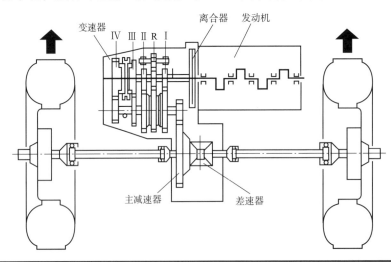

汽车传动系统

手动变速器变速传动机构，一般采用二轴式，用于发动机前置前轮驱动的汽车，与驱动桥（前桥）合称为手动变速驱动桥。前置发动机有纵向布置和横向布置两种形式，与其配用的二轴式变速器也有两种不同的结构形式。发动机纵置时，主减速器为一对锥齿轮，如帕萨特1.8T、桑塔纳2000车型；发动机横置时，主减速器采用一对圆柱齿轮，如卡罗拉、凯越车型。

四 项目实施

（一）技术标准与要求

（1）变速驱动桥下固定螺栓为 M19，螺栓紧固力矩为 73N·m；M14 螺栓紧固力矩为 31N·m。
（2）变速驱动桥上固定螺栓 M19 紧固力矩为 73N·m。
（3）变速驱动桥上蓄电池侧支架紧固力矩为 48N·m。
（4）后减振块固定螺栓紧固力矩为 68N·m。
（5）后安装架螺栓紧固力矩为 90N·m。
（6）减振块连接螺母和螺栓紧固力矩为 68N·m。
（7）操作时，严禁将油液、油脂和水黏附到离合器压盘及从动盘上。

（二）实训时间

实训时间为 50min。

（三）实训器材

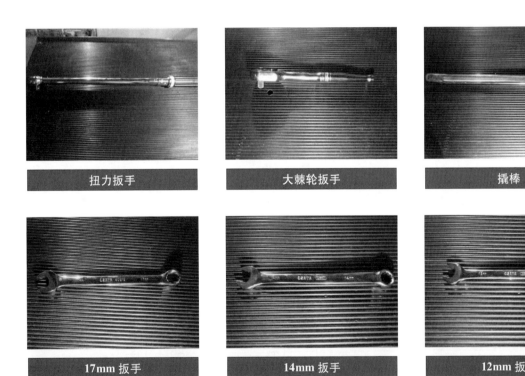

| 扭力扳手 | 大棘轮扳手 | 撬棒 |
| 17mm 扳手 | 14mm 扳手 | 12mm 扳手 |

10mm 扳手

锤子

32mm 短套筒

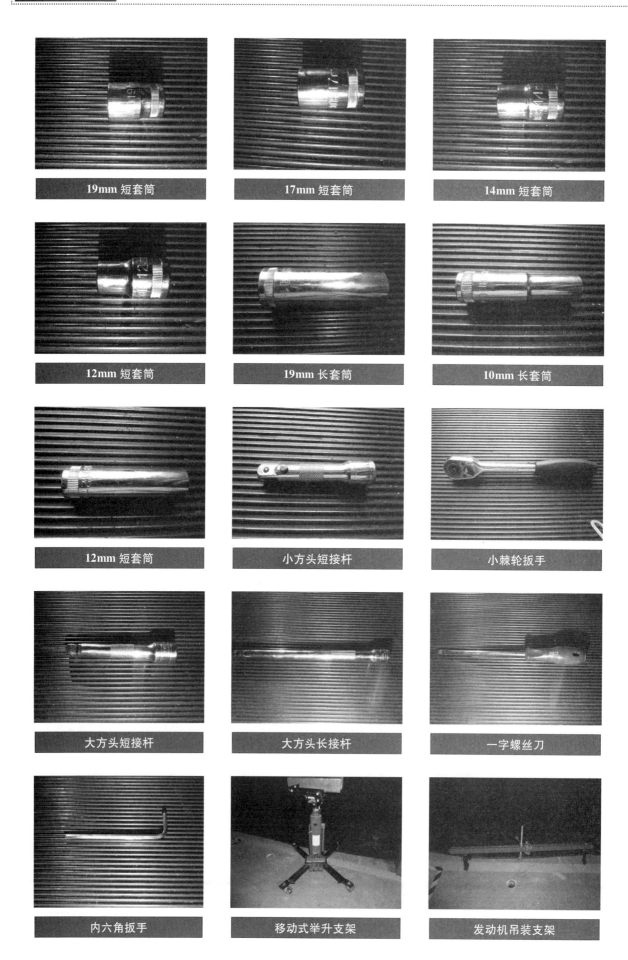

芯轴

风动扳手

干净抹布

普通抹布

绑带

回收桶

（四）教学组织

1 教学组织形式

每辆车可安排8名学生参与实训，两人为一组。

2 学生站位分工和要求

一组两名学生参与实训，按照1号、2号进行编号，1号学生为主，2号学生为辅；其他学生在旁边观察。

3 实训教师职责

（1）讲解操作任务的作业流程、操作步骤、技术规范和注意事项。

（2）组织学生进行操作。

（3）在实训中进行巡视检查、指导和纠正学生的错误。

4 学生职责变换

4组学生实行职责轮流变换制度：第一次一组进行操作，二组进行指导，三组进行观察，四组进行评分。然后进行依次循环，循环结束后组内1号学生与2号学生转换位置，进行再次循环。

（五）操作步骤

★ 第一步　操作前准备

1 清理场地，准备工具（同项目一）。

提示：

（1）车辆进入工位前，应将工位卫生清理干净，并准备好相关的工具、物品等。

（2）培养良好的工作习惯，做好事前准备，有利于安全操作和提高工作效率。

2 由教师将车辆停驻在举升机平台的中心位置。

提示：

此项工作必须由有驾照的教师完成，不能让中职学生移动车辆，并且在驾车过程要注意安全。

3 1号学生安装车内三件套（同项目一）。

4 1号学生进入车内，确认拉紧驻车制动器操纵杆。

提示：

为保证车辆在工位上可靠停放，防止出现移动，造成直接安全事故，要检查并拉紧驻车制动器操纵杆。

5 将变速器挡位置于空挡。

提示：

如何将挡位置于空挡，教师要告知学生，并指导学生如何操作。

6 2号学生在车轮的前后行驶方向上，塞上车轮挡块。

提示：

为了确保车辆的可靠停驻，须在车外放上车轮挡块。每个车轮上都要塞上车轮挡块。

7 1号学生打开发动机舱盖开关。

提示：

学生打开发动机舱盖开关时，用力不能过猛，以防拉断手柄。

2号学生打开发动机舱盖,并可靠支撑发动机舱盖。

> 提示:
>
> 将支撑杆插入发动机舱盖支撑孔时,要保证确定插入孔中,防止支撑杆从孔中滑出,产生安全事故。

 2号学生把护裙粘贴在汽车左、右侧翼子板和车辆前格栅上,要求护裙应将汽车翼子板和前格栅全部覆盖。

> 提示:
>
> 粘贴翼子板和车辆前格栅布主要目的是保护车漆。在粘贴时,由于是通过磁铁吸附在翼子板上,所以要慢慢靠近让它吸附,而不允许速度太快,出现碰撞声。

🌲 第二步 拆卸变速驱动桥上面的外围设备(未举升车辆)

 断开蓄电池电源连接线。

> 提示:
>
> (1)要确认点火开关在OFF位置。
> (2)先拆负极连接线,接着拆正极连接线。
> (3)拆除蓄电池的固定架,并取出蓄电池。
> (4)操作以1号学生为主要操作者,2号学生负责传递工具和零件。

2 拆卸液压转向助力油罐在蓄电池支架上的固定点。

 提示:

(1)确认油罐盖是锁紧的,油罐与油管的连接可靠。
(2)拆卸油罐固定点后,防止油罐侧倾,油液渗漏。

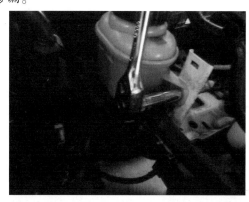

3 断开离合器液压系统管路在蓄电池支架旁的固定点。

 提示:

在拆卸蓄电池支架前,防止遗漏支架下面的

离合器液压系统管路的固定点。

 拆卸蓄电池外围支架。

提示：

（1）先拆卸发动机舱熔断器盒的三个支座螺母。

（2）拆卸四个固定螺栓（上面两个，侧面两个），取下蓄电池外围支架。

 在防火墙附近断开手动变速器的换挡拉杆。

提示：

用长接杆加上套筒断开手动变速器的换挡拉杆，操作时注意理顺线束。

 断开手动变速器的倒车灯开关连接端子。

提示：

在变速操纵机构的附近找到倒车灯开关连接端子，先要松开连接端子的锁扣，然后用手指捏住连接端子外壳往外拉，绝对禁止拿住线束往外拉，否则，会导致插接器损伤和锁止不可靠。

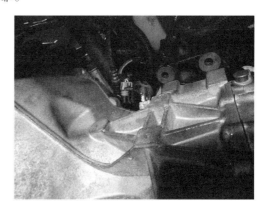

 断开车速表传感器的连接端子。

提示：

在变速驱动桥连接半轴的附近找到车速表传感器的连接端子，先要松开连接端子的锁扣，然后用手指捏住连接端子外壳往外拉，绝对禁止拿住线束往外拉，否则，会导致插接器损伤和锁止不可靠。

 断开离合器工作缸液压系统油管。

提示：

找到离合器工作缸液压系统油管连接处，先要松开连接端子的簧扣，然后用螺丝刀拆卸锁扣,断开时有油液滴落,此时应用抹布及时清理干净。

 10 整理线束和油管。

 提示:

把松垮的线束和油管进行整理,防止在下一步的操作中拉扯线束和油管,防止拉断线束和油管。

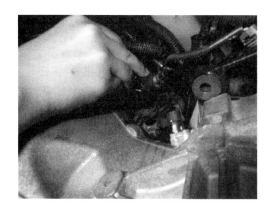

 9 断开点火模块的连接端子。

提示:

在点火模块下方找到连接端子,先要松开连接端子的锁扣,然后用手指捏住连接端子外壳往外拉,绝对禁止拿住线束往外拉,否则会导致插接器损伤和锁止不可靠。

11 安装好发动机支架,并吊装发动机。

提示:

(1)调整好吊装支架在车架上的落脚点。
(2)用合适长度的钢丝绳,穿过发动机上的吊耳,并把它挂在支架的吊钩上。
(3)转动吊装螺母,使吊装钢丝绳拉紧。
(4)在吊装过程中,确定吊装支架稳定,防止晃动吊装支架,避免发生安全事故。

 12 打开发动机的散热器盖。

提示:

须在发动机温度明显下降的情况下(用手去检查上水管的温度),去打开发动机的散热器盖。

第三步 拆卸变速驱动桥

举升车辆。

提示：

（1）操纵举升机控制按钮，举升车辆至合适高度，并对举升机进行可靠锁定。

（2）举升机的规范操作，请参阅"举升机的使用方法"。

放净发动机的冷却液。

提示：

（1）将盛放废液的回收桶移到散热器下方，在散热器底部找到释放冷却液的螺塞，防止在操作中冷却液洒落到地面。如有应及时清理干净。

（2）此处操作可参考"冷却液的检查与更换"。

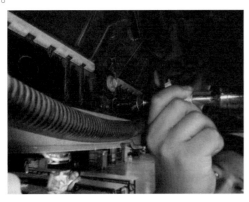

放净变速驱动桥的润滑油。

提示：

（1）将盛放废液的回收桶移到变速器下方，针对凯越车型，须将变速器油底壳取下，才可以将油液释放干净。在放油过程中注意收集好油液，防止洒落到地面。

（2）对其他车型可参考本书"手动变速器油的检查与更换"的内容。

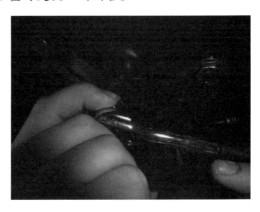

拆卸左右车轮。

提示：

（1）车轮螺母，用风动扳手依照分次对角拧松，并取下。

（2）上面一个螺母最后取下，随后双手抱住、取下轮胎。

（3）两个学生互相配合拆卸车轮，可防止车轮、螺栓和工具掉落到地面上。

拆卸左右横摆臂的球节螺母，并拉出球头。

提示：

（1）用扭力扳手拧松螺母，并取下。

（2）用专用工具拆卸球节。

手动变速驱动桥的拆卸与安装 项目3

8 拆卸减振块支架的两个固定螺栓，并从前横梁上取下后减振块支架总成。

 提示：

用扭力扳手和棘轮扳手分次拧松螺母，并取下。

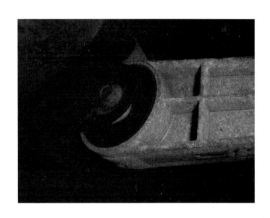

6 把左右传动轴从驱动桥中取出。

 提示：

（1）用传动轴拆卸工具，从变速驱动桥上拆卸驱动轴。

（2）注意：驱动轴拆卸后，不要让其长时间在变速驱动桥上自由下垂。

（3）注意：将废油接收盘移至变速驱动桥下，接收滴落的油液；拆卸传动轴后，堵塞变速驱动桥上的传动轴开孔，防止油液流出和污染物进入。

9 降下车辆，拆卸变速驱动桥上与车架安装的三个螺栓。

 提示：

（1）用扭力扳手和棘轮扳手分次拧松螺母，并取下。

（2）松开后，必要时，还需将发动机吊装支架的吊钩往上拉。

7 拆卸变速驱动桥下中间安装支架三个螺栓。

 提示：

（1）用扭力扳手和棘轮扳手分次拧松螺母，并取下，松开与变速驱动桥的连接。

（2）让支架与换挡机构可靠连在一起，并防止拉扯线束。

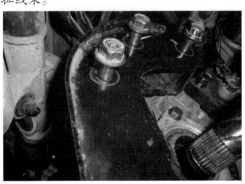

10 松开变速驱动桥与发动机接合处冷却水管卡箍，并断开。

 提示：

（1）由于此处位置较为狭小，操作时要认真

43

细致，并注意不要用力过猛，避免划伤手。

（2）断开水管卡箍后，此处滴落的冷却液要及时清理。

11 拆卸变速驱动桥上与发动机接合处的三个固定螺栓。

提示：

（1）用扭力扳手和棘轮扳手分次拧松螺母，并取下。

（2）由于此处位置较为狭小，且部件较多，操作时要认真细致，并注意不要用力过猛，避免划伤手。

12 再次举升车辆，用可升降千斤顶支撑变速驱动桥。

提示：

（1）举升车辆后，要确保举升机锁止可靠。随后将千斤顶移至变速驱动桥的下方。

（2）为了使千斤顶的托盘与被支承物能够可靠接触、防止滑移，可预先在托盘上放上木块。

（3）升起千斤顶，顶住变速驱动桥，避免顶住发动机底部。

13 拆下变速驱动桥下的七个固定螺栓。

提示：

用扭力扳手和棘轮扳手分次拧松螺母，并取下。

14 用螺丝刀分开发动机与变速驱动桥的接合面。

提示：

用一字螺丝刀分开时，应选择接合面几个点撬动，而不要固定在某一点撬动。

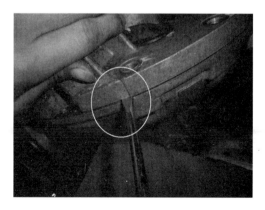

第四步　安装变速驱动桥

 取出并降下变速驱动桥。

提示：

（1）在彻底分开变速驱动桥前，用绑带将变速驱动桥与千斤顶的托盘捆在一起。

（2）当分开变速驱动桥与发动机的接合后，使变速驱动桥沿分开时的方向继续移动，直至变速器的输入轴从离合器中滑出。

（3）通过千斤顶，降下变速驱动桥。

（4）注意：在移出、降下变速驱动桥时，最好有两名以上学生同时操作。

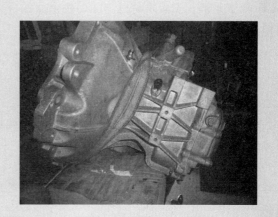

第四步　安装变速驱动桥

 把变速驱动桥放在可升降千斤顶上。

提示：

将检修后的变速驱动桥放在千斤顶的托盘上，并用绑带将变速驱动桥与千斤顶的托盘捆好。

 移动千斤顶至指定位置。

提示：

将千斤顶移至车辆安装位置的下方。

 预装变速驱动桥下的七个螺栓。

提示：

（1）先把变速驱动桥上升，与发动机持平后，再把变速驱动桥往发动机方向移动，此时注意两边的定位销要对准，观察定位销与定位处，应配合灯光照明。

（2）预装七个螺栓到指定孔中。

（3）注意：在操作时，最好有两个以上学生同时操作。并要确保安全。

降下车辆,安装发动机与驱动桥上面的三个螺栓。

提示:

(1) 降下车辆时,先要解锁。

(2) 将三个螺栓装入指定孔中,并按照规定的力矩拧紧。

(3) 由于此处位置较为狭小,且部件较多,操作时要认真细致,并注意不要用力过猛,避免划伤手。

 安装变速驱动桥与车架固定的三个螺栓。

提示:

(1) 用手推动支架,使上面的三个孔与变速驱动桥上的三个螺孔对齐。

(2) 将三个螺栓装入指定孔中,并按照规定的力矩分次拧紧。

 举升车辆,紧固变速驱动桥下七个螺栓。

提示:

(1) 举升车辆后,要确保举升机锁止可靠。

(2) 将七个螺栓装入指定孔中,并按照规定的力矩分次拧紧。使发动机与变速驱动桥贴合紧密。

 安装减振块支架至前横梁上。

提示:

(1) 将减振块支架安装到前横梁上,用指定螺栓进行预装。

(2) 注意,不要把支架前后装反。

 安装减振块上的托架三个螺栓并紧固。

提示:

(1) 通过安装托架三个螺栓并与变速驱动桥互相连接,并紧固,按照规定力矩加以拧紧。

(2) 继续紧固与之连接支架上的螺母,按照规定力矩加以拧紧。

9 安装左右传动轴。

提示：

（1）把传动轴装入对应的驱动桥孔中，如遇卡滞，可转动飞轮，或用橡胶锤敲击，使之顺利地进入孔中。

（2）同时扶正制动盘。

 10 安装前横臂夹紧螺栓和螺母并紧固。

提示：

（1）装入前横臂的球节。

（2）用夹紧螺栓和螺母紧固。按照规定力矩拧紧。

 11 安装车轮。

提示：

（1）先用手安装最上面的一个螺母，然后安装其他的三个螺母。

（2）用风动扳手分次对角拧入螺母。

（3）操作时要用套筒完全套住螺母，再启动风动扳手操作。

（4）降下车辆后须用扭力扳手按规定力矩再次拧紧。

 12 降下车辆，拆除发动机吊装支架。

提示：

（1）转动吊装螺母，使吊装钢丝绳放松。

（2）取下钢丝绳。

（3）拆除发动机吊装支架。

第五步　安装其他附属设施

 1 插入点火模块的连接端子。

提示：

要先理顺线束，然后用两手指捏住端子，确认好锁扣位置，插入到接插件中。能听到锁扣声，使锁扣可靠锁止。

安装离合器工作缸液压系统油管连接头。

提示：

注意油管接头簧扣的可靠锁止，避免工作中产生漏油。

 插入车速表传感器的连接端子。

提示：

要先理顺线束，然后用两手指捏住端子，确认好锁扣位置，插入到接插件中。能听到锁扣声，使锁扣可靠锁止。

 连接手动变速器的倒车灯开关连接端子。

提示：

要先理顺线束，然后用两手指捏住端子，确认好锁扣位置，插入到接插件中。能听到锁扣声，使锁扣可靠锁止。

 在防火墙附近连接手动变速器的换挡拉杆。

提示：

换挡拉杆的连接可参考本书"手动变速器换挡拉杆的检查与调整"的操作。

 安装蓄电池外围支架。

提示：

蓄电池外围支架的安装，要用四个螺母来固定，采用分次拧紧方法加以紧固。

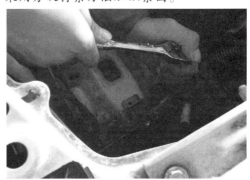

 安装离合器液压系统管路在蓄电池支架旁的固定点。

提示：

理顺线路后，再进行安装固定，并检查线路有无油液渗漏。

安装液压转向助力油罐在蓄电池支架上的固定点。

提示:

（1）确认油罐盖是锁紧的，油罐与油管的连接可靠。

（2）安装油罐固定点后，要再次确认油罐无油液渗漏。

 安装熔断器盒支座及其连接线。

提示:

（1）理顺线束，插好熔断器盒电源连接线。

（2）拧紧熔断器盒支座的三个螺母，按规定力矩紧固。

 安装蓄电池电源连接线。

提示:

（1）安装蓄电池固定架。

（2）装好蓄电池正负极连接线，先正极线，后负极线进行安装，禁止装反。

（3）安装蓄电池连接线时要保证接线端与接线柱之间的接触面清洁、无锈蚀物、无腐蚀物。否则，两者接触面积小，蓄电池输出电能下降。

（4）固定螺母拧紧力矩应适当，过小会造成线路虚接；过大，螺母和螺栓容易滑扣。

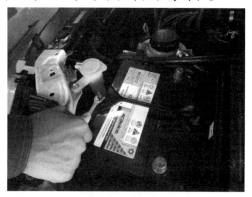

11 加注变速器油和发动机冷却液。

第六步 整 理 工 作

 1号学生清理车内卫生。

提示:

用干净的抹布擦拭。

1号学生取下三件套。

⚡ 提示：

取下时按照转向盘套、座椅套及脚垫的次序。

 1号学生清洁车面。

⚡ 提示：

用干净的抹布擦拭。

 2号学生清洁和整理工具。

⚡ 提示：

用普通的抹布擦拭工具，擦好后放入工具袋。

 2号学生取下翼子板布和前格栅布。

⚡ 提示：

取下后折叠，放入工具车内。

 2号学生盖好发动机舱盖。

⚡ 提示：

（1）一手稍微抬起发动机舱盖并扶住，另一手放下支撑杆，并使支撑杆得到可靠固定。

（2）两手慢慢放下发动机舱盖，盖好发动机舱盖。

 2号学生取出垫块和车轮挡块。

⚡ 提示：

把取出的垫块和车轮挡块，放到规定的位置。

由教师把车辆驶离，1号、2号学生共同打扫地面卫生（同项目一）。

提示：

车辆须由有驾照的老师驶离，然后学生清洁场地，确保工作环境干净。

五 考核标准

考 核 标 准 表

序号	操作步骤	考 核 项 目	满分	评分标准	得分
1	一、操作前准备	将工位卫生清理干净	1	未清理扣1分	
2		由教师将车辆停驻在举升机平台的中心位置	1	操作不当扣1分	
3		1号学生安装车内三件套	2	安装不到位扣2分	
4		1号学生进入车内，确认拉紧驻车制动器操纵杆	1	操作不当扣1分	
5		并将变速器挡位置于空挡	1	操作不当扣1分	
6		2号学生塞上车轮挡块	2	操作不到位扣2分	
7		1号学生打开发动机舱盖开关	1	操作不当扣1分	
8		2号学生打开发动机舱盖，并可靠支撑发动机舱盖	1	操作不当扣1分	
9		2号学生把护裙粘贴在汽车左、右侧翼子板和车辆前格栅上	1	操作不当扣1分	
10	二、拆卸变速驱动桥上面的外围设备	断开蓄电池电源连接线	2	操作不当扣2分	
11		拆卸液压转向助力油罐在蓄电池支架上的固定点	1	操作不当扣1分	
12		断开离合器液压系统管路在蓄电池支架旁的固定点	2	操作不当扣2分	
13		拆卸蓄电池外围支架	2	操作不到位扣2分	
14		在防火墙附近断开手动变速器的换挡拉杆	1	操作不当扣1分	
15		断开手动变速器的倒车灯开关连接端子	1	操作不当扣1分	
16		断开车速表传感器的连接端子	1	操作不当扣1分	
17		断开离合器工作缸液压系统油管	1	操作不当扣1分	
18		断开点火模块的连接端子	1	操作不当扣1分	
19		整理线束和油管	1	操作不当扣1分	
20		安装好发动机支架，并吊装发动机	2	操作不当扣2分	
21		打开发动机的散热器盖	1	操作不当扣1分	
22	三、拆卸变速驱动桥	举升车辆	1	操作不当扣1分	
23		放净发动机的冷却液	2	操作不当扣2分	
24		放净变速驱动桥的润滑油	2	操作不当扣2分	
25		拆卸左右车轮	2	操作不当扣2分	
26		拆卸左右横摆臂的球节螺母，并拉出球头	2	操作不当扣2分	
27		把左右传动轴从驱动桥中取出	2	操作不当扣2分	
28		拆卸变速驱动桥下中间安装支架三个螺栓	2	操作不当扣2分	
29		拆卸减振块支架的两个固定螺栓，并从前横梁上取下后减振块支架总成	2	操作不当扣2分	
30		拆卸变速驱动桥上与车架安装的三个螺栓	2	操作不当扣2分	
31		分离变速驱动桥与发动机接合处冷却水管卡箍	2	操作不当扣2分	
32		拆卸变速驱动桥上与发动机接合处的三个固定螺栓	2	操作不当扣2分	
33		举升车辆，用可升降千斤顶支撑变速驱动桥	1	操作不当扣1分	
34		拆下变速驱动桥下的七个固定螺栓	2	操作不当扣2分	
35		用螺丝刀分开发动机与变速驱动桥的接合面	1	操作不当扣1分	
36		取出并降下变速驱动桥	2	操作不当扣2分	

续上表

序号	操作步骤	考 核 项 目	满分	评分标准	得分
37	四、安装变速驱动桥	把变速驱动桥放在可升降千斤顶上	2	操作不当扣2分	
38		移动千斤顶至车辆下指定位置	1	操作不当扣1分	
39		预装变速驱动桥下的七个螺栓	1	操作不当扣1分	
40		降下车辆,安装发动机与驱动桥上面的三个螺栓	2	操作不当扣2分	
41		安装变速驱动桥与车架固定的三个螺栓	2	操作不当扣2分	
42		举升车辆,紧固变速驱动桥下七个螺栓	2	操作不当扣2分	
43		安装减振块支架至前横梁上	2	操作不当扣2分	
44		安装减振块上的托架三个螺栓并紧固	2	操作不当扣2分	
45		安装左右传动轴	2	操作不当扣2分	
46		安装前横臂夹紧螺栓和螺母并紧固	2	操作不当扣2分	
47		安装车轮	2	操作不当扣2分	
48		降下车辆,拆除发动机吊装支架	2	操作不当扣2分	
49	五、安装其他附属设施	插入点火模块的连接端子	1	操作不当扣1分	
50		安装离合器工作缸液压系统油管连接头	1	操作不当扣1分	
51		插入车速表传感器的连接端子	1	操作不当扣1分	
52		连接手动变速器的倒车灯开关连接端子	1	操作不当扣1分	
53		在防火墙附近连接手动变速器的换挡拉杆	1	操作不当扣1分	
54		安装蓄电池外围支架	2	操作不当扣2分	
55		安装离合器液压系统管路在蓄电池支架旁的固定点	1	操作不当扣1分	
56		安装液压转向助力油罐在蓄电池支架上的固定点	1	操作不当扣1分	
57		安装熔断器盒底座及其连接线	1	操作不当扣1分	
58		安装蓄电池电源连接线	2	操作不当扣2分	
59		加注变速器油和发动机冷却液	2	操作不当扣2分	
60	六、整理工作	1号学生清理车内卫生	1	操作不当扣1分	
61		1号学生取下三件套	1	操作不当扣1分	
62		1号学生清洁车面	2	操作不当扣2分	
63		2号学生清洁和整理工具	2	操作不当扣2分	
64		2号学生取下翼子板布和前格栅布	1	操作不当扣1分	
65		2号学生盖好发动机舱盖	1	操作不当扣1分	
66		2号学生取出垫块和车轮挡块	1	操作不当扣1分	
67		教师驶离车辆,1号、2号学生共同打扫地面卫生	1	操作不当扣1分	
		总分	100	实际得分	

六 知识拓展

转向桥是指承担转向任务的车桥。一般汽车的前桥是转向桥。四轮转向汽车的前后桥,都是转向桥。它能使两端的车轮偏转一定的角度,以实现汽车的转向。同时,它还承担汽车的垂直载荷、横向力、制动力等。

对于前轮驱动汽车和全轮驱动汽车,前桥既

要转向，又要传递动力，所以称为转向驱动桥。常见的后轮驱动汽车，前桥不传递动力，但要承担转向任务。它既是转向桥，又是从动桥。这种转向桥，采用非独立悬架的，是整体桥；采用独立悬架的，是断开桥。

整体式转向桥，通常采用工字断面的工字梁，或管形断面的管式梁。中部弯曲向下，以配合发动机的布置，并降低汽车的质心。两端装有主销及转向节。采用钢板弹簧悬架。载货汽车的转向桥，大多采用这种结构。

断开式转向桥，通常采用独立悬架与车架或非承载式车身相连，两端装有主销及转向节。微型汽车的转向桥，大多采用这种结构。

驱动桥由主减速器、差速器、半轴及桥壳组成。它的作用是将万向传动装置传来的动力方向转动90°，改变力的传递方向，并由主减速器降低转速，增大转矩后，经差速器分配给左右半轴和驱动轮。

项目 4 手动变速器换挡拉杆的检查与调整

一 学习目标

（1）了解手动变速器的功用及工作原理；
（2）熟悉手动变速器操纵机构的种类和结构；
（3）掌握手动变速器操纵机构的检查和调整技能；
（4）培养学生团队合作的能力。

二 情景导入

在汽车行驶过程中，途中进行挂挡，发现挂挡困难，停车检查发现变速器运转正常，没有异响。初步判定由于磨损，变速器换挡操纵机构的相对位置发生改变，导致挂挡困难，需要对操纵机构进行检查、调整。

三 知识准备

汽车变速器操纵机构是驾驶员操纵变速手柄到使变速器换挡的一套机构。

变速器操纵机构按照变速器操纵杆（变速杆）位置的不同，可分为直接操纵式和远距离操纵式两种类型。

直接操纵式的变速器布置在驾驶员座椅附近，变速杆由驾驶室底板伸出，驾驶员可以直接操纵，多用于发动机前置后轮驱动的车辆。在有些汽车上，由于变速器离驾驶员座位较远，则需要在变速杆与拨叉之间加装一些辅助杠杆或一套传动机构，构成远距离操纵机构。这种操纵机构多用于发动机前置前轮驱动的车型，如别克凯越车型的五挡手动变速器，由于其变速器安装在前轮驱动桥处，远离驾驶员座椅，需要采用这种操纵方式，如下图所示。

手动变速器换挡操纵系统

四 项目实施

（一）技术标准与要求

（1）换挡拉杆之间的连接、固定可靠，无松旷。
（2）并确保变速器能正常挂入各挡位，无异响和撞击声。

（二）实训时间

实训时间为 20min。

（三）实训器材

10mm 套筒

12mm 开口扳手

长接杆

棘轮扳手

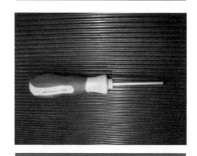
十字螺丝刀

一字螺丝刀

干净抹布

普通抹布

（四）教学组织

1 教学组织形式

每辆车可安排 8 名学生参与实训，两人为一组。

2 学生站位分工和要求

一组两名学生参与实训，按照 1 号、2 号进行编号，1 号学生为主，2 号学生为辅；其他学生在旁边观察。

3 实训教师职责

（1）讲解操作任务的作业流程、操作步骤、技术规范和注意事项。

（2）组织学生进行操作。

（3）在实训中进行巡视检查、指导和纠正学生的错误。

4 学生职责变换

4 组学生实行职责轮流变换制度：第一次一组进行操作，二组进行指导，三组进行观察，四组进行评分。然后进行依次循环，循环结束后组内 1 号学生与 2 号学生转换位置，进行再次循环。

(五)操作步骤

🌲 第一步　操作前准备

 清理场地，准备工具（同项目一）。

提示：

（1）车辆进入工位前，应将工位卫生清理干净，并准备好相关的工具、物品等。

（2）有利于学生培养良好的工作习惯，做好事前准备，保障安全操作和提高工作效率。

 由教师将车辆停驻在举升机平台的中心位置。

提示：

此项工作必须由有驾照的教师完成，不能让中职学生移动车辆，并且在驾车过程要注意安全；拉紧驻车制动器操纵杆并将变速器置于空挡。

 1号学生安装车内三件套。

提示：

（1）安装三件套的主要目的是保护操作中能接触到的表面，保持车内清洁。

（2）保护罩的是由薄塑料制成的，极易破损。在安装时，要用力均匀，防止因用力过大造成损坏。

 1号学生进入车内，确认拉紧驻车制动器操纵杆。

提示：

确认拉紧驻车制动器操纵杆，防止车辆移动，保证安全。

 将变速器挡位置于空挡。

提示：

防止在起动发动机时，进行带挡启动。操作时，把右手放在挡位上，进行左右摇晃，确认置于空挡。

 2号学生在车轮的前后行驶方向上，塞上车轮挡块（同项目一）。

7 1号学生打开发动机舱盖开关。

提示：

先要确认发动机舱盖开关位置，然后用适当的力，向外扳动开关。

 8 2号学生打开发动机舱盖，并可靠支撑发动机舱盖。

提示：

将支撑杆插入发动机舱盖支撑孔时，要保证接触可靠，否则，发动机舱盖滑落会造成人身伤害。

 9 2号学生把护裙粘贴在汽车左、右侧翼子板和车辆前格栅上，要求护裙应将汽车翼子板和前格栅全部覆盖。

提示：

（1）粘贴护裙是保护操作中能接触到的车漆表面。
（2）安装护裙时，要控制护裙与翼子板的距离，当快接近时，松开护裙，使护裙轻轻地与翼子板吸合，不允许听到磁铁接触碰撞声。

🌲 第二步 断开电源及相关线束

 1 由2号学生把工具递给1号学生。

提示：

以下操作以1号学生为主。

2 断开蓄电池的负极连接线。

提示：

操作时注意手法，禁止工具触碰到正极连接线。

断开点火模块接插件。

提示:

在点火模块旁边找到连接端子,先要松开连接端子的锁扣,然后用手指捏住连接端子外壳往外拉,绝对禁止拿住线束往外拉,否则会导致插接器损伤和锁止不可靠。

 断开氧传感器接插件。

提示:

在排气歧管附近,找到氧传感器接插件,先要松开连接端子的锁扣,然后用手指捏住连接端子外壳往外拉,绝对禁止拿住线束往外拉,否则,会导致插接器损伤和锁止不可靠。

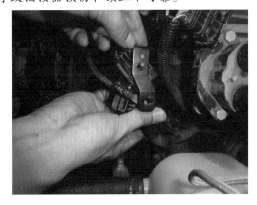

 断开曲轴位置传感器接插件。

提示:

在发动机油滤清器找到曲轴位置传感器连接端子,先要松开连接端子的锁扣,然后用手指捏住连接端子外壳往外拉,绝对禁止拿住线束往外拉,否则,会导致插接器损伤和锁止不可靠。

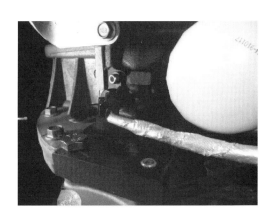

 断开倒车灯开关接插件。

提示:

在变速驱动桥挡位操纵机构附近找到倒车灯开关的连接端子,先要松开连接端子的锁扣,然后用手指捏住连接端子外壳往外拉,绝对禁止拿住线束往外拉,否则,会导致插接器损伤和锁止不可靠。

 把以上线束放置在离合器储液罐旁,留出操作空间。

提示:

主要是为了给以下的调整留出空间。避免在操作中拉扯线束,造成损坏。

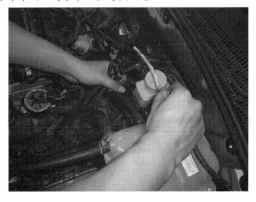

第三步 调整变速器换挡拉杆卡箍螺栓

 找到换挡拉杆卡箍螺栓的位置。

提示:

顺着变速器的操纵机构,在靠近防火墙的附近找到换挡拉杆卡箍螺栓。

 松开换挡拉杆卡箍螺栓。

提示:

用合适的工具(套筒、长接杆和棘轮扳手)松开换挡拉杆卡箍螺栓。注意拧松即可,不需要取下螺栓。免得以后安装困难。

 在变速器换挡盖上找到调整螺钉。

提示:

调整螺钉的位置在变速器操纵机构上面。

 按压调整螺钉,察看有无锈蚀。

提示:

先用手指按压检查,螺钉应无锈蚀,无卡滞,在弹簧的作用下能复位。如果换挡控制杆在普通位置,就会发现在手指的按压螺钉过程中,螺钉不能被按压很深,而且手指一松,螺钉马上就复位。

 找到换挡控制杆。

提示:

换挡控制杆就在变速器的旁边。

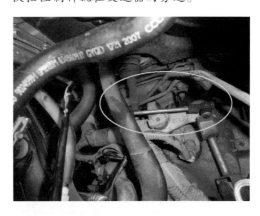

 用右手向散热器方向拉动换挡控制杆,同时用左手按压调整螺钉。

提示:

注意不能沿换挡连杆方向拉动杆件;拉动换挡控制杆到散热器附近的极限位置时,把调整螺钉按压进去；就会发现这个螺钉就卡在洞里不出来了。

7 进入车内。

打开车门要注意保护车身表面和内饰表面。

8 从换挡控制台上拆下护套。

用一字螺丝刀时，要注意不要对外壳有损伤，必要时用胶布缠住螺丝刀头再行操作。

9 把变速杆护套往上翻。

撬出变速杆护套下端，然后在往上翻的过程中，注意保护变速杆护套的表面，避免扯破护套。

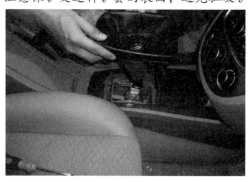

10 把变速杆在空挡的位置上往左边靠。

把变速杆在空挡的位置上往左边靠，就是往驾驶员一侧横向扳动。

11 把变速杆上的孔与变速杆壳体上的槽对齐，并将一把十字螺丝刀插入，使变速杆不能移动。

在扳动变速杆的过程中，同时操作者的眼睛要盯住，变速杆下端左侧的小孔是否与变速杆壳体上下端左侧的槽对齐。如对齐后，则把十字螺丝刀插入。注意螺丝刀的直径不能太大。

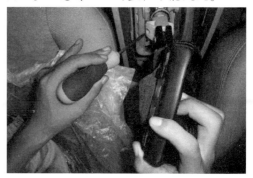

项目 4 手动变速器换挡拉杆的检查与调整

 到车外,紧固换挡拉杆上的卡箍螺栓。

提示:

待发动机舱内变速器操纵机构上的换挡拉杆和驾驶室内的变速杆被固定后,即可以紧固换挡拉杆上的卡箍螺栓。

紧固换挡拉杆上的卡箍螺栓的拧紧力矩为14N·m。

 用一字螺丝刀从调整孔中拔出调整螺钉。

提示:

注意用力不能过猛,防止损伤其他零部件。

 到车内从变速杆中取出十字螺丝刀。

提示:

1号学生到车内,向驾驶座侧按住变速杆,从孔中取了十字螺丝刀。

 将变速杆护套安装到换挡控制台上。

提示:

按照变速杆护套下端的卡扣位置,向下按压,装复护套。

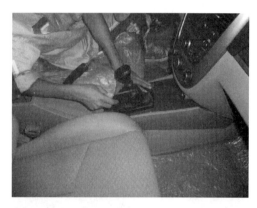

第四步 连接相关线束与电源

1 安装发动机曲轴位置传感器接插件。

提示:

安装转速传感器接插件时,要先理顺线束,然后用两手指捏住端子,确认好锁扣位置,插入到接插件中。并能听到锁扣声,使锁扣可靠锁止。

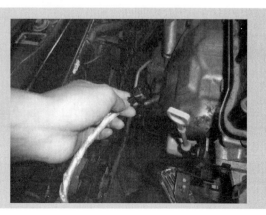

安装好曲轴位置传感器连接线在发动机上的固定扣。

提示:

这个位置的固定扣,对于转速传感器的连接线来说很重要,它可以防止该线束往下垂,避免在车辆的行驶过程中,由于下垂晃动而碰到其他的物体表面,造成线束磨损,产生线路断路或短路等情况,严重会产生火灾隐患,造成不必要的损失。

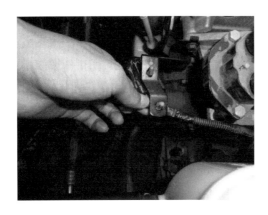

3 安装发动机氧传感器接插件。

 安装发动机点火模块接插件。

提示:

安装点火模块接插件时,要先理顺线束,然后用两手指捏住端子,确认好锁扣位置,插入到接插件中,并能听到锁扣声,使锁扣可靠锁止。

 连接倒车灯开关接插件。

提示:

安装倒车灯开关接插件时,要先理顺线束,然后用两手指捏住端子,确认好锁扣位置,插入到接插件中,并能听到锁扣声,使锁扣可靠锁止。

 连接蓄电池的负极。

提示:

安装时要先擦净负极极柱,装好之后要拧紧安装螺母。

第五步 检查变速操纵机构

 在停车发动机不工作时，通过挂挡，察看各构件间是否正常。

提示：

正常情况下所有挡位应容易挂上。

 起动发动机。

提示：

（1）在起动发动机前，要先确认挡位和驻车制动器操纵杆的位置。

（2）在起动发动机前，两位学生相互配合，操纵举升机，使车轮距离地面10cm。

 在发动机怠速运行状态下，踩下离合器踏板，进行挂挡试验。

提示：

正常情况下所有挡位应容易挂上，不会出现异响和撞击声，并在每个挡位上能可靠锁止。

 熄火。

提示：

检查结束后，两位学生相互配合，操纵举升机，使车辆恢复到原来位置。

第六步 整理工作

 1号学生清理车内卫生。

提示：

用干净的抹布擦拭。

1号学生取下三件套。

提示：

取下时按照转向盘套、座椅套及脚垫的次序。

 1号学生清洁车面。

提示：

用干净的抹布擦拭。

 2号学生清洁和整理工具。

提示：

用普通的抹布擦拭工具，擦好后放入工具袋。

 2号学生取下翼子板布和前格栅布。

提示：

取下后折叠，放入工具车内。

 2号学生盖好发动机舱盖。

提示：

（1）一手稍微抬起发动机舱盖并扶住，另一手放下支撑杆，并使支撑杆得到可靠固定。

（2）两手慢慢放下发动机舱盖，盖好发动机舱盖。

 2号学生取出垫块和车轮挡块。

提示：

把取出的垫块和车轮挡块，放到规定的位置。

由教师把车辆驶离，1号、2号学生共同打扫地面卫生（同项目一）。

提示：

车辆须由有驾照的老师驶离，然后学生清洁场地，确保工作环境保持干净。

五 考核标准

考核标准表

序号	操作步骤	考核项目	满分	评分标准	得分
1	一、操作前准备	将工位卫生清理干净	2	未清理扣2分	
2		由教师将车辆停驻在举升机平台的中心位置	2	操作不当扣2分	
3		1号学生安装车内三件套	1	操作不当扣1分	
4		1号学生进入车内，确认拉紧驻车制动器操纵杆	2	未确认扣2分	
5		并将变速器挡位置于空挡	1	操作不当扣1分	
6		2号学生塞上车轮挡块	2	操作不到位扣2分	
7		1号学生打开发动机舱盖开关	2	操作不正确扣2分	
8		2号学生打开发动机舱盖，并可靠支撑发动机舱盖	1	操作不当扣1分	
9		把护裙粘贴在汽车左、右侧翼子板和车辆前格栅上	2	操作不当扣2分	
10	二、断开电源及相关线束	由2号学生把工具递给1号学生	1	操作不规范扣1分	
11		断开蓄电池的负极连接线	2	操作不当扣2分	
12		断开点火模块接插件	2	操作不当扣2分	
13		断开氧传感器接插件	2	操作不到位扣2分	
14		断开曲轴位置传感器接插件	2	操作不当扣2分	
15		断开倒车灯开关接插件	2	操作不当扣2分	
16		把以上线束放置在离合器储液罐旁，留出操作空间	2	操作不当扣2分	
17	三、调整变速器换挡拉杆卡箍螺栓	找到换挡拉杆卡箍螺栓的位置	3	操作不到位扣3分	
18		松开换挡拉杆卡箍螺栓	3	操作不当扣3分	
19		在变速器换挡盖上找到调整螺钉	2	操作不当扣2分	
20		按压调整螺钉，察看有无锈蚀	3	操作不当扣3分	
21		找到换挡控制杆	2	操作不当扣2分	
22		用右手拉动换挡控制杆，同时用左手按压调整螺钉	3	操作不当扣3分	
23		进入车内	2	操作规范扣2分	
24		从换挡控制台上拆下护套	2	操作不当扣2分	
25		把变速杆护套往上翻	2	操作不当扣2分	
26		把变速杆在空挡的位置上往左边靠	2	操作不当扣2分	
27		将一把十字螺丝刀插入，使变速杆不能移动	3	操作不当扣3分	
28		到车外，紧固换挡拉杆上的卡箍螺栓	4	操作不当扣4分	
29		用一字螺丝刀从调整孔中拔出调整螺钉	2	操作不当扣2分	
30		到车内从变速杆中取出十字螺丝刀	2	操作不正确扣2分	
31		将变速杆护套安装到换挡控制台上	2	操作不当扣2分	

续上表

序号	操作步骤	考 核 项 目	满分	评 分 标 准	得分
32	四、连接相关线束与电源	安装发动机曲轴位置传感器接插件	3	操作不当扣3分	
33		安装好曲轴位置传感器连接线在发动机上的固定扣	2	操作不当扣2分	
34		安装发动机氧传感器接插件	2	操作不当扣2分	
35		安装发动机点火模块接插件	2	操作不当扣2分	
36		连接倒车灯开关接插件	2	操作不当扣2分	
37		连接蓄电池的负极	2	操作不当扣2分	
38	五、检查变速操纵机构	通过挂挡，察看各构件间是否正常	4	检查不正确扣4分	
39		起动发动机	1	操作不当扣1分	
40		在发动机运行状态下，踩下离合器踏板，进行挂挡	2	操作不当扣2分	
41		熄火	2	操作不当扣2分	
42	六、整理工作	1号学生清理车内卫生	2	操作不当扣2分	
43		1号学生取下三件套	2	操作不当扣2分	
44		1号学生清洁车面	2	操作不当扣2分	
45		2号学生清洁和整理工具	2	操作不当扣2分	
46		2号学生取下翼子板布和前格栅布	1	操作不当扣1分	
47		2号学生盖好发动机舱盖	1	操作不当扣1分	
48		2号学生取出垫块和车轮挡块	2	操作不当扣2分	
49		由教师把车辆驶离，1号、2号学生共同打扫地面卫生	1	操作不当扣1分	
总分			100	实际得分	

六 知识拓展

变速器操纵机构的作用，是使驾驶员能够根据道路情况准确可靠地挂上或摘下变速器某个挡位，以保证汽车安全行驶。它的工作要求：首先要换挡手感良好；其次换挡操作行程适中，操作轻便；第三发动机的振动对变速杆的影响要小。

目前变速器操纵机构主要有直接操纵机构与远距离操纵机构两种形式。

如果变速器布置在驾驶员座位附近，则变速杆可以从驾驶室底板伸出，由驾驶员直接操纵，此种操纵机构被称为直接操纵机构，一般由变速杆、拨叉、拨叉轴及安全装置组成。这些部件多集装于变速器上盖或侧盖内，且变速杆与拨叉直接相连，结构较为简单，操作手感好，常见于前置后驱布置的轿车或货车上。

当变速器的布置位置距离驾驶员位置较远，则需要在变速杆与拨叉等内部操纵之间加装一套传动机构或辅助杠杆，这种操纵机构被称为远距离操纵机构，一般由变速杆、操纵拉杆或拉线、拨叉、拨叉轴及安全装置等组成。为保证换挡准确可靠，该操纵机构应有足够的刚度，而且各连接构件之间间隙不能过大，否则，换挡手感不明显。变速杆与拨叉之间用操纵拉杆或拉线进行连接，结构相对复杂，常见用于前置前驱、中置后驱和后置后驱布置的轿车、客车等车型。

对拉线式操纵机构而言，长时间的换挡操作会引起拉线的塑性变形而导致换挡不准确；而对于拉杆式操纵机构而言，换挡操纵机构的质量和转动惯量太大会导致换挡费力，频繁换挡会增大各连接构件之间的间隙，会增加换挡的不确定性。

为了保证变速器在任何情况下都能准确、安全、可靠地工作，变速器操纵机构一般都具有安全装置，即换挡锁装置，包括自锁装置、互锁装置和倒挡锁装置。自锁装置用于防止变速器自动脱挡或挂挡，并保证轮齿以全齿宽啮合；互锁装置用于防止同时换上两个挡位；倒挡锁装置用于防止误挂倒挡。

项目 5　手动变速器油的检查与更换

一　学习目标

（1）了解手动变速器的结构及工作原理；
（2）熟悉润滑油的种类和选用方法；
（3）掌握手动变速器油的检查和更换技能；
（4）培养学生团队合作的能力。

二　情景导入

变速器具有变速、变矩和变向功能，使汽车能够满足各种复杂路况下的行驶需要。但由于频繁换挡、长期在高转速、大负荷工况下工作，会使变速器中的零件产生磨损，甚至损伤，会影响变速器的正常使用。为了让变速器正常工作，发挥它的工作职能，达到其应有的使用寿命，应定期对变速器进行维护。定期检查、添加或更换变速器油，是维护变速器的重要措施之一。

三　知识链接

1 变速器油（齿轮油）在齿轮传动中的作用

（1）降低齿轮及其他运动部件的磨损，延长齿轮寿命。
（2）降低摩擦，减少功率损失。
（3）分散热量，起一定的冷却作用。
（4）防止腐蚀和生锈。
（5）降低工作噪声、减少振动及齿轮间的冲击作用。
（6）冲洗污物，特别是冲去齿面间污物，减轻磨损。

2 齿轮油的主要指标

黏度是选用齿轮油的重要因素。1983年美国汽车工程师协会（SAE）对汽车齿轮油按98.9℃（210°F）运动黏度分为七级，其中70W、75W、80W和85W为冬用及寒区用齿轮油，其最低使用温度相应为-55、-40、-26和-12℃；其余三个黏度级为90、140和250，级别越高则表示黏度越大。近年，从节能出发，普遍采用低黏度的四季通用的稠化油（多级齿轮油）。工业齿轮油的黏度分级与润滑油相同，均用40℃运动黏度的中心值表示（见润滑油）。车用齿轮油的黏度等级见下表。

车用齿轮油的黏度等级

SAE黏度级别	150000厘泊时的最高温度（℃）	100℃时的黏度（厘斯） 最低值	100℃时的黏度（厘斯） 最高值
70W	-55	4.1	—
75W	-40	4.1	—
80W	-26	7.0	—
85W	-12	11.0	—
90	—	13.5	<24.0
140	—	24.0	<41.0
250	—	41.0	

3 更换手动变速器油的重要性和必要性

变速器在工作负荷的作用下，随着汽车行驶里程的增加，内部各零件的磨损、变形也随之加大，引起各零件间的配合关系变坏，导致各种故障的发生。在汽车的定期维护中，更换手动变速器油是一项较为重要的内容。更换变速器油可防止油过脏或氧化变质，因为变速器油过脏或变质会加剧手动变速器内的零件磨损，会导致手动变速器工作异常，出现异响、发热和漏油等故障现象。

四 项目实施

(一) 技术标准与要求

(1) 丰田花冠（1.8L）车型手动变速器的型号为 SAE75W。

(2) 变速器油每 10000km 或 6 个月检查一次，必要时添加。

(3) 变速器油量为 2.3L。

(二) 实训时间

实训时间为 20min。

(三) 实训器材

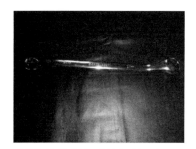
24mm 梅花扳手

24mm 套筒

扭力扳手

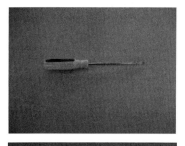
一字螺丝刀

普通抹布

干净抹布

加油机

回收桶

(四) 教学组织

1 教学组织形式

每辆车可安排 8 名学生参与实训，两人为一组。

2 学生站位分工和要求

一组两名学生参与实训，按照 1 号、2 号进行编号，1 号学生为主，2 号学生为辅；其他学生在旁边观察。

③ 实训教师职责

(1) 讲解操作任务的作业流程、操作步骤、技术规范和注意事项。

(2) 组织学生进行操作。

(3) 在实训中进行巡视检查、指导和纠正学生的错误。

④ 学生职责变换

4组学生实行职责轮流变换制度：第一次一组进行操作，二组进行指导，三组进行观察，四组进行评分。然后进行依次循环，循环结束后组内1号学生与2号学生转换位置，进行再次循环。

（五）操作步骤

▲ 第一步　事前准备

 清理场地，准备工具。

提示：

(1) 车辆进入工位前，应将工位卫生清理干净，并准备好相关的工具、物品等。

(2) 培养良好的工作习惯，做好事前准备，有利于安全操作和提高工作效率。

 由教师将车辆停驻在举升机平台的中心位置。

提示：

此项工作必须由有驾照的教师完成，不能让中职学生移动车辆，并且在驾车过程要注意安全；并拉紧驻车制动器操纵杆且将变速器置于空挡位。

③ 1号学生安装车内三件套。

提示：

(1) 安装三件套的主要目的是保护操作中能接触到的表面，保持车内清洁。

(2) 保护罩的是由薄塑料制成的，极易破损。在安装时，要用力均匀，防止因用力过大造成损坏。

 1号学生进入车内，确认拉紧驻车制动器操纵杆，并将变速器挡位置于空挡。

提示：

(1) 再次确认拉紧驻车制动器操纵杆，保证安全。

(2) 防止在起动发动机时，进行带挡起动。操作时，把右手放在挡位上，进行左右摇晃，确认置于空挡。

5 2号学生在车轮的前后行驶方向上，塞上车轮挡块（同项目一）。

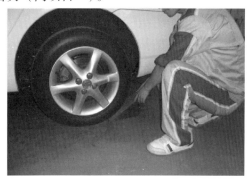

6 1号学生打开发动机舱盖开关。

 提示：

先要确认发动机舱盖开关位置，然后用适当的力，向外扳动开关。

7 2号学生打开发动机舱盖，并可靠支撑发动机舱盖。

 提示：

将支撑杆插入发动机舱盖支撑孔时，要保证接触可靠，否则，发动机舱盖滑落会造成人身伤害。

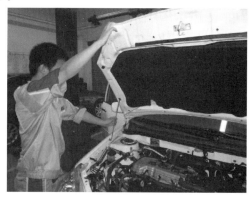

8 2号学生把护裙粘贴在汽车左、右侧翼子板和车辆前格栅上，要求护裙应将汽车翼子板和前格栅全部覆盖。

提示：

（1）粘贴护裙是保护操作中能接触到的车漆表面。

（2）安装护裙时，要控制护裙与翼子板的距离，当快接近时，松开护裙，使护裙轻轻地与翼子板吸合，不允许听到磁铁接触碰撞声。

🌲 第二步　检查变速器油液渗漏及油位

1 1号、2号学生同时在车辆两侧下面垫上海绵垫。

提示：

在每一侧举升机的前后两端放上海绵垫。确保海绵垫在车辆的正下方。

2号学生操纵举升机按钮，稍许举升，海绵垫未与车辆底部接触，停止。

提示：

举升过程中不允许车辆有左右倾斜和前后高低现象，如有，要先校正举升托板左右高度一致。

 1号、2号学生检查、确认海绵垫位置正确。

提示：

学生在车辆两侧检查海绵垫是否在车辆的正下方。

 2号学生操纵举升机按钮，继续举升车辆，使车轮离开地面约10cm，停止并可靠锁止。

提示：

主要是在这个位置检查举升机托板是否保持水平。

 1号学生进入车内，起动发动机。

提示：

在起动发动机前，要再次确认发动机挡位在空挡，驻车制动器操纵杆确认拉起。

 1号学生踩下离合器踏板，操纵变速杆挂入1挡，松开离合器踏板，使发动机带挡运行4~5min。

提示：

通过此次操作，使变速器的油液温度能快速升高。在接下去排放油液过程中能快速排放干净。

 关闭发动机。

提示：

变速器油温上升，1号学生踩下离合器踏板，操纵变速杆挂入空挡，松开离合器踏板，关闭发动机。

2号学生清洁手动变速器上部外壳。

※ 提示:

清洁外壳能更准确地检查,为下一步操作创造条件。

 2号学生检查变速器壳体接合处有无漏油。

※ 提示:

检查时隐蔽部位可用灯光照射变速器壳体接合处。

 2号学生检查换挡控制杆油封处有无漏油。

※ 提示:

检查时可用灯光照射换挡控制杆油封处。

 2号学生操纵举升机按钮,继续举升车辆,使车辆上升合适高度,并可靠锁止。

※ 提示:

必须注意在车辆举升之后,要确定可靠锁止,确保安全。

 1号学生清洁手动变速器下部外壳,用普通抹布进行清洁。

※ 提示:

(1) 变速器前油封,用于保证变速器输入与壳体之间可靠密封。

(2) 如果检查变速器前油封漏油,可通过离合器下端有无油滴来判断。

(3) 如果变速器前油封存在漏油现象,应更换前油封。

 1号学生目视检查壳体上有无裂缝和渗漏。

※ 提示:

(1) 对隐蔽部位必要时用灯光照射进行检查。

(2) 半轴油封,也要重点检查,如有漏油现象，应更换半轴油封。

14 2号学生将工具递给1号学生。

2号学生将挑选好的工具给1号学生。

15 1号学生拧松变速器加油螺塞。

拧松之前要确定扳手已套住螺母，避免因没套住而滑脱。

16 1号学生把工具递给2号学生，2号学生把工具放到工具车上。

17 1号学生用手旋下加油螺塞，递给2号学生。

取下加油螺塞时，要避免油液洒落，如有，应及时清理。

18 2号学生将加油螺塞放到零件车上。

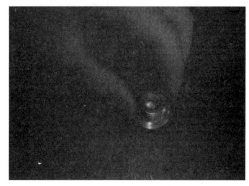

19 1号学生察看变速器内的油位。

（1）用手指伸入到加注孔中，进去之后，同时手指向下弯，如刚好触碰到油液，那说明油位正常。或者灯光配合照明，看清油面位置。

（2）变速器油面应位于放油口下边沿。如果油面低于放油口下边沿，应添加补充变速器油，直到油面达到规定要求为止。

第三步　更换手动变速器油

 2号学生将回收桶,移至手动变速器下方,并正对放油螺塞。

提示:

要把回收桶上升至放油螺塞的正下方。

 2号学生把工具递给1号学生。

提示:

2号学生将挑选好的工具递给1号学生。

 1号学生把变速器放油螺塞拧松。

提示:

拧松之前要确定扳手已套住螺母,避免因没套住而滑脱。

 2号学生接收工具,擦净后放入工具车上。

提示:

用普通抹布进行擦拭。

 1号学生用手旋下变速器放油螺塞,使变速器油落到回收桶中。

提示:

(1)学生在取下放油螺塞之前,要判断好油液流出的方向,随后快速移开放油螺塞,及时用回收桶接住,防止油液洒落手上、身上和地面。

(2)洒落的油液要及时清除。

 1号学生将放油螺塞,递给2号学生。

 当油液不再滴落时,清洁放油口,并拧上放油螺塞。

提示:

先用抹布清洁放油口,然后拧上放油螺塞。

8 2号学生把回收桶移至规定位置。

9 1号学生使用2号学生递来的工具，将放油螺塞按规定力矩拧紧。

提示：

在安装放油螺塞之前，应更换放油螺塞的垫圈（换新），装入之后按规定力矩拧紧。

10 1号学生清洁放油螺塞外部。

提示：

用普通抹布清洁干净。

11 1号学生把工具递给2号学生，并放在工具车上。

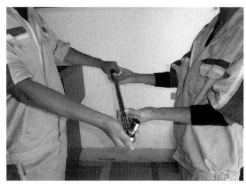

12 2号学生把加油机移至变速器下方。

提示：

事先应把对应型号的变速器油加入到加油机中。

13 1号、2号学生共同配合，把变速器油加注到变速器中，至规定液位。

提示：

1号学生把加油管的出油口插入到变速器的加注孔中，2号学生按压加油机的加压手柄，将变速器油注入变速器中。

加注至有油液从加注口流出。

提示:

1号学生观察加注口是否有油液流出。如有应及时通知2号学生停止加注。

 1号学生取下加油管。

提示:

在取下加油管的同时,用抹布及时清理加注口、加油管和地面。

16 1号学生清洁加注口。

 2号学生把加油机放到规定位置。

提示:

把加油机从车辆底部移出,放到规定位置。

 2号学生将加油螺塞递给1号学生。

提示:

2号学生应先对加油螺塞进行清洁。

19 1号学生把加油螺塞旋入孔中。

 1号学生按规定力矩拧紧加油螺塞。

提示:

用扭力扳手进行紧固(拧紧力矩参照维修手册)。

1号学生擦净加注口油液。

提示：

用普通抹布进行清理。

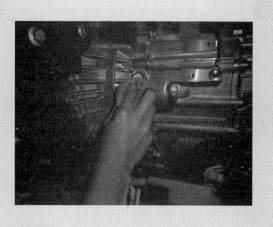

🌲 第四步　检查运行效果

 2号学生按要求降下车辆。

提示：

在降下车辆之前，要先解开举升机的锁扣。

 降至车辆离地面10cm。

提示：

降至这个位置是为了让发动机带挡运行。

3 1号学生进入驾驶室。

4 1号学生进入车内，起动发动机。

提示：

在起动发动机前，要再次确认发动机挡位在空挡和驻车制动器操纵杆拉起。

1号学生踩下离合器踏板,操纵变速杆挂入1挡,松开离合器踏板,使发动机带挡运行4~5min。

提示:

通过此次操作,使变速器的油液温度能快速升高,便于后续操作。

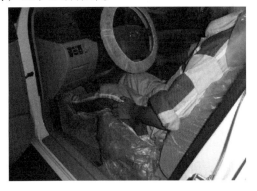

 关闭发动机。

提示:

1号学生踩下离合器踏板,操纵变速杆挂入空挡,松开离合器踏板,关闭发动机。

 2号学生清洁手动变速器上部外壳。

提示:

在清洁时,要注意防止手被划伤。

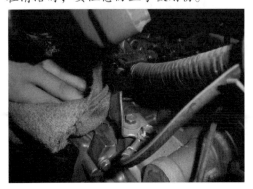

 2号学生检查变速器壳体接合处有无漏油。

提示:

对隐蔽部位必要时用灯光照射进行检查。

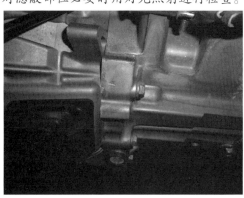

 2号学生检查换挡控制杆油封处有无漏油。

提示:

检查时可用灯光照射换挡控制杆油封处。

 2号学生操纵举升机按钮,继续举升车辆,使车辆上升合适高度,并可靠锁止。

提示:

在车辆举升后,要确保举升机可靠锁止。

1号学生清洁手动变速器下部外壳。

提示:

检查时对隐蔽部位可用灯光照射。

 1号学生目视检查壳体上放油螺塞和加油螺塞处是否存在油液渗漏。

提示:

对隐蔽部位必要时用灯光照射进行检查。

 2号学生操纵举升机,将车辆降落到地面上。

提示:

在降下车辆之前,要先解开举升机的锁扣。

🌲 第五步 整理场地

1 1号学生清理车内卫生,并取下三件套。

提示:

先用干净的抹布擦拭。然后取下转向盘套、座椅套及脚垫。

2 2号学生取下车外护裙,并折叠好。

提示:

取下后折叠放入工具车内。并擦拭清洁车身。

2号学生盖好发动机舱盖。

提示：

（1）一手稍微抬起发动机舱盖并扶住，另一手放下支撑杆，并使支撑杆得到可靠固定。

（2）两手慢慢放下发动机舱盖，盖好发动机舱盖，使发动机舱盖可靠锁止。

 2号学生取出车轮挡块，并到指定地点放好。

提示：

把取出的垫块和车轮挡块，放到规定的位置。

 由教师把车辆驶离现场。

提示：

车辆须由有驾驶证的老师驶离，然后学生清洁场地，确保工作环境干净。

 学生打扫地面卫生。

提示：

对油液洒落的地面，要进行专门的清理，防止安全隐患产生。

五 考核标准

考核标准表

序号	操作步骤	考核项目	满分	评分标准	得分
1	一、操作前准备	将工位卫生清理干净	1	酌情扣分	
2		由教师将车辆停驻在举升机平台的中心位置	1	酌情扣分	
3		1号学生安装车内三件套	1	安装不到位扣1分	
4		1号学生进入车内，确认拉紧驻车制动器操纵杆	1	操作不当扣1分	
5		并将变速器挡位置于空挡	1	操作不当扣1分	
6		2号学生塞上车轮挡块	1	操作不到位扣1分	
7		1号学生打开发动机舱盖开关	1	操作不当扣1分	
8		2号学生打开发动机舱盖，并可靠支撑发动机舱盖	1	操作不当扣1分	
9		把护裙粘贴在汽车左、右侧翼子板和车辆前格栅上	1	操作不当扣1分	

续上表

序号	操作步骤	考核项目	满分	评分标准	得分
10		1号、2号学生同时在车辆两侧下面垫上海绵垫	1	操作不当扣1分	
11		1号学生操纵举升机按钮,稍许举升,海绵垫未与车辆底部接触,停止	1	操作不当扣1分	
12		1号、2号学生检查、确认海绵垫位置正确	2	操作不当扣2分	
13		2号学生操纵举升机按钮,继续举升车辆,使车轮离开地面约10cm,停止并可靠锁止	2	操作不到位扣2分	
14		1号学生进入车内,起动发动机	1	操作不当扣1分	
15		1号学生踩下离合器踏板,操纵变速杆挂入1挡,松开离合器踏板,使发动机带挡运行4~5min	2	操作不当扣2分	
16		1号学生踩下离合器踏板,操纵变速杆挂入空挡,松开离合器踏板,关闭发动机,使变速器油温上升	2	操作不当扣2分	
17	二、检查变速器油液渗漏及油位	2号学生清洁手动变速器上部外壳	1	操作不当扣1分	
18		2号学生检查变速器壳体接合处有无漏油	1	操作不当扣1分	
19		2号学生检查换挡控制杆油封处有无漏油	1	操作不到位扣1分	
20		2号学生操纵举升机按钮,继续举升车辆,使车辆上升合适高度,并可靠锁止	2	操作不当扣2分	
21		1号学生清洁手动变速器下部外壳	1	检查不到位扣1分	
22		1号学生目视检查壳体上有无裂缝和渗漏	2	操作不当扣2分	
23		2号学生将工具递给1号学生	1	操作不当扣1分	
24		1号学生拧松变速器油加油螺塞	2	操作不到位扣2分	
25		1号学生把工具递给2号学生,2号学生把工具放到工具车上	1	操作不当扣1分	
26		1号学生用手旋下加油螺塞,递给2号学生	1	操作不当扣1分	
27		2号学生将加油螺塞放到零件车上	1	操作不当扣1分	
28		1号学生察看变速器内的油位	2	操作不当扣2分	
29		2号学生将回收桶,移至手动变速器下方,并正对放油螺塞	2	操作不到位扣2分	
30		2号学生把工具递给1号学生	2	操作不当扣2分	
31		1号学生把变速器放油螺塞拧松	2	操作不到位扣2分	
32		2号学生接收工具,擦净后放入工具车上	1	工具未擦拭扣1分	
33		1号学生用手旋下变速器放油螺塞,使变速器油落到回收桶中	2	操作不当扣2分	
34		1号学生将放油螺塞递给2号学生	2	操作不当扣2分	
35		当油液不再滴落时,清洁放油口,并拧上放油螺塞	2	操作不当扣2分	
36		2号学生把回收桶移至规定位置	2	操作不当扣2分	
37		1号学生使用2号学生递来的工具,将放油螺塞按规定力矩拧紧	2	操作不当扣2分	
38	三、更换手动变速器油	1号学生清洁放油螺塞外部	1	操作不当扣1分	
39		1号学生把工具递给2号学生,并放在工具车上	2	操作不当扣2分	
40		2号学生把加油机移至变速器下方	2	操作不当扣2分	
41		学生共同配合,把变速器油加注到变速器中,至规定液位	2	操作不当扣2分	
42		加注至有油液从加注口流出	2	操作不当扣2分	
43		1号学生取下加油管	2	操作不当扣2分	
44		2号学生把加油机放到规定位置	2	操作不当扣2分	
45		1号学生清洁加注口	2	操作不当扣2分	
46		2号学生将加油螺塞递给1号学生	2	操作不当扣2分	
47		1号学生把加油螺塞拧好	2	操作不当扣2分	
48		1号学生按规定力矩拧紧	2	未按规定拧紧扣2分	
49		1号学生擦净加注口油液	2	操作不当扣2分	

续上表

序号	操作步骤	考 核 项 目	满分	评分标准	得分
50	四、检查运行效果	2号学生按要求降下车辆，降至车辆离地面10cm	2	操作不当扣2分	
51		1号学生进入车内，起动发动机	2	操作不当扣2分	
52		1号学生踩下离合器踏板，操纵变速杆挂入1挡，松开离合器踏板，使发动机带挡运行4～5min	2	操作不当扣2分	
53		1号学生踩下离合器踏板，操纵变速杆挂入空挡，松开离合器踏板，关闭发动机，使变速器油温上升	2	操作不当扣2分	
54		2号学生清洁手动变速器上部外壳	1	操作不当扣1分	
55		2号学生检查变速器壳体接合处有无漏油	2	操作不当扣2分	
56		2号学生检查换挡控制杆油封处有无漏油	2	操作不当扣2分	
57		2号学生操纵举升机按钮，继续举升车辆，使车辆上升合适高度，并可靠锁止	1	操作不当扣1分	
58		1号学生清洁手动变速器下部外壳	1	操作不当1分	
59		1号学生目视检查壳体上放油螺塞和加油螺塞处是否存在油液渗漏	2	操作不当扣2分	
60		2号学生操纵举升机，将车辆降落到地面上	2	操作不当扣2分	
61	五、整理场地	学生清理车内卫生，并取下三件套	1	操作不当扣2分	
62		学生取下车外护裙，并折叠好	1	操作不当扣1分	
63		2号学生盖好发动机舱盖	1	操作不当扣1分	
64		学生取出车轮挡块，并到指定地点放好	1	操作不当扣1分	
65		由教师把车辆驶离现场	1	操作不当扣1分	
66		学生打扫地面卫生	1	未操作扣1分	
		总分	100	实际得分	

六 知识拓展

手动变速器油在使用和更换过程中的注意事项：

（1）选择适合本车型的油液黏度，如果黏度选择过大，会使摩擦面过热，也会造成不必要的动力损耗，如果黏度选择过小，由于离心力的作用将油从齿面甩掉，容易造成油封漏油，可能在齿轮面上形成贫油润滑，从而磨损加大，甚至会产生烧结现象。换油时建议参考汽车使用手册或维修手册。

（2）选择油品时，一定不要把内燃机油、液压油等其他油品加入到变速器中，以免造成极压抗磨性能不足。

（3）选用高质量的品牌。高质量的品牌车辆油不仅可以有效保护齿轮，降低磨损，使车辆运行更轻松，节约燃油，同时可以延长油品使用寿命，降低维修费用。

（4）分开选油。由于变速器和后桥齿轮的材质和结构不同，要分开选油，以保证变速器密封件不泄漏、铜部件不腐蚀及后桥齿轮得到充分的润滑。

项目 6 转向横拉杆的检查与更换

一 学习目标

（1）了解汽车转向系统的作用；
（2）熟悉汽车转向系统的组成；
（3）掌握转向横拉杆、球头检查与更换的技能；
（4）培养学生团队合作的能力。

二 情景导入

汽车在行驶的过程中，只要经过不平路面时，就会出现转向盘抖动或出现跑偏、车身左右摆动等行驶不稳现象，导致车辆难以被驾驶，严重影响行车安全。经进入修理厂举升后发现汽车转向系统的横拉杆、球头等部件弯曲、磨损严重。

三 知识链接

汽车在行驶过程中，由于行驶路线、道路方向的改变，或为了避让行人、障碍物等多种因素，汽车的行驶方向需要经常改变或不断修正。为此，汽车设立了一套专门的机构，来使转向轮绕过主销轴线偏转一定角度，直到新的行驶方向符合驾驶员的要求时，再将转向轮恢复到直线行驶位置。这种用来改变或恢复汽车行驶方向的专设机构，称为汽车转向系统，简称转向系。

汽车转向系统一般由转向操纵机构、转向器和转向传动机构三个基本部分组成，如下图所示。

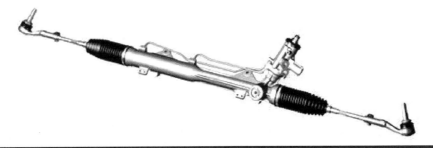

汽车转向系统

转向传动机构的功用是将转向器输出的力和运动传给转向轮，使两侧转向轮偏转以实现汽车转向，并保证左右转向轮的偏转角按一定关系变化。

转向传动机构的组成和布置因转向器位置和转向轮悬架类型而异。当转向轮采用独立悬架时，由于每个转向轮都需要相对于车架（或车身）作独立运动，所以转向桥必须是断开的。与此同时，转向传动机构中的转向梯形也必须分成两段或三段。其中转向横拉杆是转向传动机构中的一个重要组成部分，它由横拉杆和两个旋装在两端的拉杆接头组成。其特点是长度可调，通过调整横拉杆的长度，可以调整前轮前束。

汽车在长期的使用过程中，转向横拉杆会弯曲变形，使转向车轮定位角度发生变化，导致汽车转向沉重，行驶跑偏、转向回正性能下降或丧失、转向操纵不稳定及轮胎异常磨损等故障发生；转向球头磨损后，使球头与球碗配合松旷，致使汽车转向或颠簸时发出异响、转向车轮定位角度发生变化等，严重磨损的转向球头，甚至会从球碗中脱出，使汽车失去方向控制。综上所述，汽车转向系统关系到行车安全和生命财产安全，必须定期检查与维护，并及时更换已严重磨损或损坏的零部件，确保汽车转向系统的工作性能良好。

四 项目实施

(一)技术标准与要求

(1)转向球头拆卸前,自制与转向拉杆的装配记号。
(2)更换转向横拉杆及其球头后,必须进行车辆四轮定位。
(3)自锁螺母只作一次性使用,拆卸后应更换新品。
(4)安装轿车配套的转向横拉杆及其球头。
(5)相关固定螺栓紧固力矩:
①转向横拉杆外球节调整螺母力矩为64N·m。
②外球节螺母紧固力矩为50N·m。

(二)实训时间

实训时间为30min。

(三)实训器材

风动扳手

22mm 扳手

19mm 扳手

13mm 扳手

球头拆卸工具

19mm 套筒

记号笔

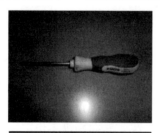
一字螺丝刀

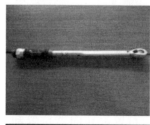
扭力扳手

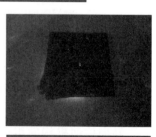
抹布

(四)教学组织

1 教学组织形式

每辆车可安排8名学生参与实训,两人为一组。

2 学生站位分工和要求

一组两名学生参加实训,按照1号、2号进行编号,1号学生为主,2号学生为辅;其他学生在

转向横拉杆的检查与更换 项目6

旁边观察。

❸ 实训教师职责

（1）讲解操作任务的作业流程、操作步骤、技术规范和注意事项。
（2）组织学生进行操作。
（3）在实训中进行巡视检查、指导和纠正学生的错误。

❹ 学生职责变换

4组学生实行职责轮流变换制度：第一次一组进行操作，二组进行指导，三组进行观察，四组进行评分。然后进行依次循环，循环结束后组内1号学生与2号学生转换位置，进行再次循环。

（五）操作步骤

🌲 第一步　操作前准备

 清理场地，准备工具（同项目一）。

提示：

（1）车辆进入工位前，应将工位卫生清理干净，并准备好相关的工具、物品等。
（2）培养良好的工作习惯，做好事前准备，有利于安全操作和提高工作效率。

 由教师将车辆停驻在举升机平台的中心位置。

提示：

此项工作必须由有驾驶证的教师完成，不能让中职学生移动车辆，并且在驾车过程要注意安全。

 1号学生安装车内三件套。

提示：

保护罩是由薄塑料、无纺布等材料制成，极易破损。因此在安装时，应用力均匀，避免因用力过大造成损坏。其主要作用是在操作过程中保持驾驶室内清洁。

 1号学生进入车内，确认拉紧驻车制动器操纵杆。

提示：

为保证车辆在工位上可靠停放，防止出现移动，造成直接安全事故，要检查并拉紧驻车制动器操纵杆。

将变速器挡位置于空挡。

提示：

如何把挡位置于空挡，教师要告知学生，并指导学生如何操作。

 将转向盘解锁。

提示：

（1）进入驾驶室内，在转向柱旁插入点火钥匙。
（2）钥匙转到 ACC 挡，对转向盘解锁。

 2号学生在车轮的前后行驶方向上，塞上车轮挡块。

提示：

为了确保车辆的可靠停放，须在车外放上车轮挡块。每个车轮上都要塞上车轮挡块。

🌲 第二步 拆卸前左右车轮

 1号学生在车辆下方垫上垫块。

提示：

（1）把车轮垫块放在举升机的托板上，并对准车辆上的托举部位（支撑点），防止举升时的车辆出现受力不稳，出现倾斜。
（2）以下操作以1号学生为主要操作者。

② 操纵举升机，举升车辆。

提示：

（1）将车辆举升到离地，检查车辆是否安全，然后再次检查垫块，同时拆除挡块。
（2）再次举升车辆，将车辆举到规定的高度，以便进行操作。同时检查举升机锁止是否到位。
（3）在每次举升或下降过程中都需要检查车辆周围是否有障碍物。

3 拆下轮辋罩盖。

提示:

（1）用一字螺丝刀，从一边翘起，两个学生共同配合，取下左右车轮的轮辋罩盖。

（2）注意在拆下轮辋罩盖时，防止螺丝刀刮花面板。

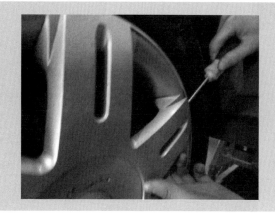

4 拆卸车轮螺母。

提示:

（1）先将气管连接到风动扳手上，同时检查气管连接情况是否良好。

（2）先将旋向调到R位置，再调整旋钮置于1挡，风动扳手转动，检查旋转方向，然后将调整旋钮置于5挡。

（3）先用风动扳手按对角线顺序旋松轮胎螺母，并旋出。

5 取下车轮。

提示:

（1）两名学生配合拆卸车轮，可以防止车轮倾斜损伤螺栓螺纹和车轮不慎脱落。

（2）按照相同的操作步骤和规范要求，拆卸另一侧车轮。

（3）把取下的车轮放置在合适的地方，避免影响其他操作的进行。

第三步　拆卸转向横拉杆球头

1 学生在左侧转向横拉杆固定螺母及旁边做好记号。

提示:

（1）先扳动制动盘，留出足够的操作空间。

（2）用记号笔在转向横拉杆固定螺母及旁边调整螺杆上做好记号，以便在装配时便于安装。

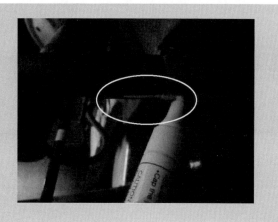

拧松转向横拉杆上的固定螺母。

提示:

(1) 选取合适的开口扳手(22mm)。朝箭头方向扳动。

(2) 操作时注意用力不能过猛,防止扳手滑脱,造成不必要的伤害。

 拧松并取下左侧转向横拉杆球头固定螺母。

提示:

(1) 选取合适的开口扳手(19mm)。

(2) 松开之后用手取下球头固定螺母,并放到零件车上。

 将球头拆卸工具固定在球头销和转向节上。

提示:

学生在操作时,要将球头拆卸工具开口完全插入球头下方。同时要把整个球头拆卸工具扶住,防止掉落。

 一只手托住球头拆卸工具,一只手使用梅花扳手旋入螺杆,直到压出球头为止。

提示:

在快把球头顶出的时候,注意要把整个球头拆卸工具扶住,防止其掉落,产生不必要的损伤。

 取下拆卸工具。

提示:

直到压出球头后,操作者还是要用手托住球头拆卸工具,防止其掉落,砸伤。

转向横拉杆的检查与更换 项目6

 7 将转向横拉杆旋出、拆下。

提示：

在转向内拉杆上旋出，拆出左侧的转向横拉杆后，在横拉杆上标注好标记。防止与右侧转向横拉杆位置搞错。

 8 按照上述步骤，拆卸右侧转向横拉杆。

提示：

拆卸右侧转向横拉杆后，同样在上面做好标记。右图是两侧转向横拉杆拆下后的图片。

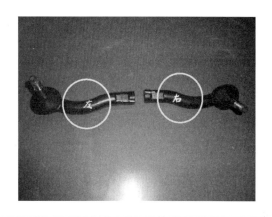

第四步 检查转向横拉杆及球头

 1 检查球头销及杆球头的螺纹损伤情况。

提示：

球头销及螺纹应没有明显锈蚀和滑牙的情况。如有明显损伤，应更换。

 2 检查球头的防尘罩是否有橡胶老化、破裂等损伤。

提示：

如果防尘罩老化破裂，将会加剧球头磨损，应提前更换球头总成。

 3 检查转向球头的磨损情况。

提示：

如果球头与球碗之间存在明显松动，应更换球头总成。

4 检查转向横拉杆是否明显变形损伤。

提示：

如果转向横拉杆存在明显变形损伤，应更换新件，否则，将直接影响正常的前轮前束值。

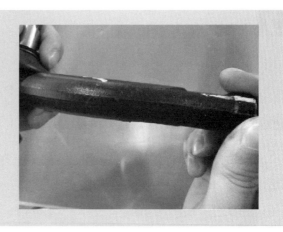

🌲 第五步　安装转向横拉杆及球头

1 先调整转向横拉杆的固定螺母到指定位置。

根据拆卸前做好的标记进行调整。

2 用手将转向横拉杆旋到螺杆上。

旋入后，应将转向横拉杆上的记号与固定螺母上标记对齐。

3 将转向球头销插入转向臂的安装孔内。

如果球头销难以插入转向臂的安装孔内，可转动转向节调整转向臂的位置。

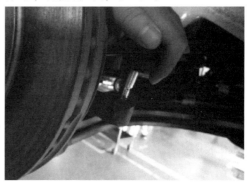

4 将固定螺母安装在球头销上。

（1）球头固定螺母，仅作一次性使用，拆卸后应更换新品。

（2）用手旋入螺母，确保对正螺纹。严禁使用工具直接旋入螺母，容易造成螺纹损伤。

转向横拉杆的检查与更换 项目6

 将螺母拧紧至标准力矩。

提示：

（1）先用普通扳手拧紧，然后用扭力扳手紧固，标准力矩为50N·m。
（2）操作时注意用力不能过猛，防止扳手滑脱，造成不必要的伤害。

 调整内螺杆与固定螺母的位置。

提示：

用13mm扳手转动内螺杆，再次确认固定螺母与内螺杆上记号对齐。

 紧固转向横拉杆的固定螺母。

提示：

按照标准力矩进行紧固（64N·m）。操作时注意用力不能过猛，防止扳手滑脱，造成不必要的伤害。

 用同样的方法安装右侧的转向横拉杆及球头。

提示：

（1）按照第五步中的1~7项进行操作。
（2）更换之后防止对前轮前束带来影响，必要时需对车辆进行四轮定位。

🌲 第六步　安装前左右车轮

1 安装车轮。

提示：

（1）先把轮辋上的孔与螺栓对齐安装。
（2）用手旋入车轮螺母。
（3）调整好风动扳手力矩大小，按对角顺序拧紧车轮螺母。

2 用同样的方法装复另外一侧车轮。

3 降下车辆。

降下车辆时,应确保周边安全,严格按照举升机操作规范进行作业。

4 紧固车轮螺母。

按规定的标准力矩紧固(标准力矩为 90N·m)。

5 安装轮辋罩盖。

注意气门嘴的位置,双手安装轮辋罩盖。防止用力过猛,按压碎裂。

第七步 清洁整理

1 1号学生清理车内卫生。

用干净的抹布擦拭。

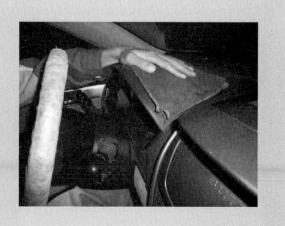

1号学生取下三件套并取出钥匙。

提示：

取下时按照转向盘套、座椅套及脚垫的次序并取出钥匙。

 1号学生清洁车面。

提示：

用干净的抹布擦拭车身。

 2号学生清洁和整理工具。

提示：

用普通的抹布擦拭工具，擦好后放入工具袋。

 2号学生取出垫块和车轮挡块。

提示：

把取出的垫块和车轮挡块，放到规定的位置。

 由教师把车辆驶离，1号、2号学生共同打扫地面卫生（同项目一）。

提示：

车辆须由有驾驶证的老师驶离，然后学生清洁场地，确保工作环境干净。

五 考核标准

考核标准表

序号	操作步骤	考核项目	满分	评分标准	得分
1	一、操作前准备	清理场地，准备工具	1	未清理扣1分	
2		将车辆停驻在举升机平台的中心位置	1	操作不当扣1分	
3		1号学生安装车内三件套	2	安装不到位扣2分	
4		1号学生进入车内，确认拉紧驻车制动器操纵杆	1	操作不当扣1分	
5		将变速器挡位置于空挡	1	操作不当扣1分	
6		将转向盘解锁	2	操作不到位扣2分	
7		2号学生塞上车轮挡块	2	操作不当扣2分	
8	二、拆卸前左右车轮	1号学生在车辆下方垫上垫块	2	操作不当扣2分	
9		操纵举升机，举升车辆	1	操作不当扣1分	
10		拆下轮辋罩盖	2	操作不当扣2分	
11		拆卸车轮螺母	3	操作不到位扣3分	
12		取下车轮	5	操作不当扣5分	
13	三、拆卸转向横拉杆球头	学生在左侧转向横拉杆固定螺母及旁边做好记号	3	操作不当扣3分	
14		拧松转向横拉杆上的固定螺母	2	操作不当扣2分	
15		拧松并取下左侧转向横拉杆球头固定螺母	2	操作不当扣2分	
16		将球头拆卸工具固定在球头销和转向节上	2	操作不当扣2分	
17		一手托住球头拆卸工具，一手使用梅花扳手旋入螺杆，直到压出球头为止	3	操作不当扣3分	
18		取下拆卸工具	2	操作不当扣2分	
19		将转向横拉杆旋出、拆下	2	操作不当扣2分	
20		按照上述步骤，拆卸右侧转向横拉杆	8	操作不当扣10分	
21	四、检查转向横拉杆及球头	检查球头销及杆球头的螺纹损伤情况	2	操作不当扣2分	
22		检查球头的防尘罩是否有橡胶老化、破裂等损伤	2	操作不当扣2分	
23		检查转向球头的磨损情况	2	操作不当扣2分	
24		检查转向横拉杆是否有明显变形损伤	2	操作不当扣2分	
25	五、安装转向横拉杆及球头	先调整转向横拉杆的固定螺母到指定位置	2	操作不当扣2分	
26		用手将转向横拉杆旋到螺杆上	2	操作不当扣2分	
27		将转向球头销插入转向臂的安装孔内	2	操作不当扣2分	
28		将固定螺母安装在球头销上	2	操作不当扣2分	
29		将螺母拧紧至标准力矩	2	操作不当扣2分	
30		调整内螺杆与固定螺母的位置	2	操作不当扣2分	
31		紧固转向横拉杆的固定螺母	2	操作不当扣2分	
32		用同样的方法安装右侧的转向横拉杆及球头	8	操作不当扣10分	
33	六、安装前左右车轮	安装车轮	3	操作不当扣4分	
34		用同样的方法装复另外一侧车轮	3	操作不当扣4分	
35		降下车辆	2	操作不当扣1分	
36		紧固车轮螺母	2	操作不当扣2分	
37		安装轮辋罩盖	2	操作不当扣2分	

续上表

序号	操作步骤	考 核 项 目	满分	评分标准	得分
38	七、清洁整理	1号学生清理车内卫生	2	操作不当扣2分	
39		1号学生取下三件套并取出钥匙	2	操作不当扣2分	
40		1号学生清洁车面	2	操作不当扣2分	
41		2号学生清洁和整理工具	2	操作不当扣2分	
42		2号学生取出垫块和车轮挡块	1	操作不当扣1分	
43		教师把车辆驶离，1号、2号学生共同打扫地面卫生	2	操作不当扣2分	
		总分	100	实际得分	

六 知识拓展

随着汽车工业的迅速发展，转向装置的结构也有很大变化。汽车转向器的结构很多，从使用的普遍程度来看，主要的转向器类型有4种：有蜗杆销式（WP型）、蜗杆滚轮式（WR型）、循环球式（BS型）、齿条齿轮式（RP型）。这四种转向器形式，已经被广泛使用在汽车上。

据了解，在世界范围内，汽车循环球式转向器占45%左右，齿条齿轮式转向器占40%左右，蜗杆滚轮式转向器占10%左右，其他形式的转向器占5%。循环球式转向器一直在稳步发展。在西欧小客车中，齿条齿轮式转向器有很大的发展。日本汽车转向器的特点是循环球式转向器占的比重越来越大，日本装备不同类型发动机的各类型汽车，采用不同类型转向器，在公共汽车中使用的循环球式转向器，已由20世纪60年代的62.5%，发展到现今的100%了（蜗杆滚轮式转向器在公共汽车上已经被淘汰）。大、小型货车大都采用循环球式转向器，但齿条齿轮式转向器也有所发展。微型货车用循环球式转向器占65%，齿条齿轮式占35%。

综合上述对有关转向器品种的使用分析，得出以下结论：循环球式转向器和齿轮齿条式转向器，已成为当今世界汽车上主要的两种转向器；而蜗杆滚轮式转向器和蜗杆销式转向器，正在逐步被淘汰或保留较小的地位。

在小客车上发展转向器各国略有差异，美国和日本重点发展循环球式转向器，比率都已达到或超过90%；西欧则重点发展齿轮齿条式转向器，比率超过50%，法国已高达95%。由于齿轮齿条式转向器的种种优点，在小型车上的应用（包括小客车、小型货车或客货两用车）得到突飞猛进的发展；而大型车辆则以循环球式转向器为主要结构。

项目 7　动力转向液的检查与更换

一　学习目标

（1）了解汽车动力转向装置的种类；
（2）熟悉机械式液压动力转向系统的组成；
（3）掌握动力转向液检查与更换的操作技能；
（4）培养学生团队合作的能力。

二　情景导入

对于液压动力转向装置而言，在使用过程中会出现动力液变白、起泡、浑浊、液位下降等现象，导致动动力转向装置性能下降或丧失，造成汽车转向沉重。原因在于动力转向液与空气混合、动力转向液达到更换周期和管路存在泄漏。因此应定期检查、添加或更换动力转向液，保证动力转向装置能正常工作。

三　知识链接

汽车转向系统作为整车构造中最重要的系统之一，一直是全世界汽车行业研究的重点。汽车转向系统的好坏直接影响到汽车的驾驶舒适性、安全性和能耗，甚至影响环境。

汽车转向系统按动力源的不同，分为机械转向系统和动力转向系统两大类。机械转向系统完全以驾驶员的体力作为转向能源，驾驶员需要对转向盘施加较大的力才转动转向盘实现转向。动力转向系统是兼用驾驶员体力和发动机动力（或蓄电池的电力）为转向动力的转向系统，它是在机械转向系统的基础上加设一套转向动力装置而形成的。

因此为减轻驾驶员操作的疲劳强度，减少路面对转向盘的振动响应，目前动力转向装置已较普遍地装配到货车和轿车上。汽车动力转向系统分成机械液压动力转向系统、电子液压动力转向系统以及最新的电动动力转向系统，目前这三种系统都有不同程度广泛的应用。

机械式液压动力转向系统主要由油泵、油管、压力流体控制阀、V形带、储液罐等组成。其作用是在驾驶员的控制下，借助于汽车发动机带动液压泵产生的液体压力驱动力来产生转向动力从而实现车轮转向。机械液压动力转向系统由于具有转向操纵灵活、轻便；在设计汽车时对转向器结构形式的选择灵活性大；能吸收路面对前轮产生的冲击；转向盘与转向轮之间全部是机械部件连接，操控安全可靠、路感直接、信息反馈丰富；液压泵由发动机驱动，转向动力充沛，大小车辆都适用；技术成熟，平均制造成本低；而且由于液压动力转向装置工作压力较高，外廓尺寸较小以及油液对路面有吸振作用，因而被普遍采用。如下图所示。

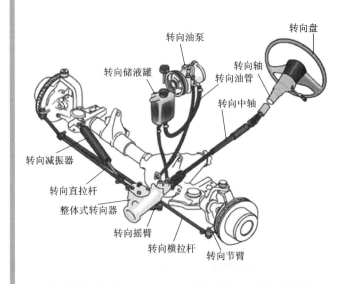

机械式液压动力转向系统

四 项目实施

(一) 技术标准与要求

(1) 加注通用凯越轿车规定型号动力转向液。
(2) 动力转向液在工作温度下（50℃），液面应位于标尺的"MAX"和"MIN"刻度线之间。
(3) 动力转向液检查周期为5000km或6个月。
(4) 动力转向液一般每5万km或每2年更换1次。

(二) 实训时间

实训时间为30min。

(三) 实训器材

动力转向液

尖嘴钳

塑料软管

接油盘

吸油器

抹布（普通）

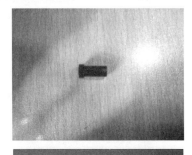

堵头

抹布（干净）

(四) 教学组织

1 教学组织形式

每辆车可安排8名学生参与实训，两人为一组。

2 学生站位分工和要求

一组两名学生参与实训，按照1号、2号进行编号，1号学生为主，2号学生为辅；其他学生在旁边观察。

❸ 实训教师职责

（1）讲解操作任务的作业流程、操作步骤、技术规范和注意事项。

（2）组织、学生进行操作。

（3）在实训中进行巡视检查、指导和纠正学生的错误。

❹ 学生职责变换

4组学生实行职责轮流变换制度：第一次一组进行操作，二组进行指导，三组进行观察，四组进行评分。然后进行依次循环，循环结束后组内1号学生与2号学生转换位置，进行再次循环。

（五）操作步骤

🌲 第一步　操作前准备

 清理场地，准备工具（同项目一）。

提示：

（1）车辆进入工位前，应将工位卫生清理干净，并准备好相关的工具、物品等。

（2）培养良好的工作习惯，做好事前准备，有利于安全操作和提高工作效率。

 由教师将车辆停驻在举升机平台的中心位置。

提示：

此项工作必须由有驾照的教师完成，不能让中职学生移动车辆，并且在驾车过程要注意安全。

 1号学生安装车内三件套。

提示：

保护罩是由薄塑料、无纺布等材料制成，极易破损。因此在安装时，应用力均匀，避免因用力过大造成损坏。其主要作用是在操作过程中保持驾驶室内清洁。

 1号学生进入车内,确认拉紧驻车制动器操纵杆。

提示：

为保证车辆在工位上可靠停放，防止出现移动，造成直接安全事故，要检查并拉紧驻车制动器操纵杆。

 将变速器挡位置于空挡。

提示：

如何把挡位置于空挡，教师要告知学生，并

指导学生如何操作。

 2号学生在车轮的前后行驶方向上，塞上车轮挡块。

提示：

为了确保车辆的可靠停放，须在车外放上车轮挡块。每个车轮上都要塞上车轮挡块。

 打开发动机舱盖，并可靠支撑。

提示：

（1）学生在转向盘下方打开发动机舱盖开关，用力不能过猛，以防拉断手柄。

（2）将支撑杆插入发动机舱盖支撑孔时，要保证确定插入孔中，防止支撑杆从孔中滑出，发生安全事故。

 将翼子板布粘贴在汽车上。

提示：

粘贴翼子板和车辆前格栅布主要目的是保护车漆。在粘贴时，由于是通过磁铁吸附在翼子板上，所以要慢慢靠近让它吸附，而不允许速度太快，出现碰撞声。

第二步　检查储液罐中动力转向液的液位

1 2号学生进入驾驶室内，将转向盘回正。

提示：

（1）使转向盘上的车标朝向正前方向。
（2）以下操作以1号学生为主要操作者。

1号学生在车辆外，观察车辆转向轮。

提示：

（1）1号学生在车外进行观察转向轮是否保持直线行驶状态。

（2）车辆在直线行驶状态下，动力转向系统不工作，系统内动力液不受挤压。只有在此条件下，方可进行液压系统内的液面检查作业。

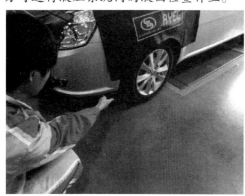

 清洁动力转向系统的储液罐外壳。

提示：

（1）通用凯越轿车的储液罐在蓄电池附近。

（2）用一块普通的抹布清洁储液罐外壳。

 1号学生旋下储液罐盖，察看油液颜色。

提示：

（1）旋下储液罐盖应倒放在工作台上。

（2）察看储液罐内的油液，颜色是否变黑或有泡沫。

 观察液面高度。

提示：

（1）储液罐外壳上标注有"MAX"和"MIN"刻度线，指示液面的最高和最低极限位置。

（2）如果油液温度达到66℃（150℉），液面应介于"MAX(最高)"和"MIN(最低)"刻度线之间。

（3）如果油液温度较低，为21℃（70℉），液面应位于"MIN（最低）"刻度线处。

 盖好储液罐盖。

提示：

检查完毕后，盖好储液罐。

🌲 第三步 系统泄漏检查

1 2号学生进入驾驶室，起动发动机并保持怠速运转。

2 2号学生转动转向盘至极限位位置并保持不变。

提示：

发动机运转，当转向盘处于转向极限位置时，动力转向液压系统中的油压最大，便于进行泄漏检查。

3 1号学生检查转向器壳及各油管接头处是否有漏油现象。

提示：

（1）转向器上有两根油管。一根是通向转向油泵的高压油管；一根是通向储液罐的回油管。

（2）造成转向器壳破裂的重要因素之一，在发动机运转情况下，转向盘处于极限位置的时间较长，使动力油缸内油压过大所致。

（3）可以对隐蔽地方用辅助光源照明检查。

4 1号学生检查转向油泵及各管接头处是否有漏油现象。

提示：

（1）转向油泵上有高低压两根油管。一根是来自储液罐的进油软管；一根是通向转向器的高压油管。转向油泵漏油，主要是轴承及油封损坏所致。

（2）可以对隐蔽地方用辅助光源照明检查。

5 1号学生检查储液罐及各管接头处是否有漏油现象。

提示：

（1）储液罐上有两根油管。一根是为转向油泵提供动力转向液的供油软管；另一根是转向器的回油管。

（2）可以对隐蔽地方用辅助光源照明检查。

6 检查完毕后，2号学生将转向盘回正，并发动机熄火。

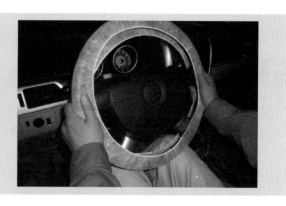

🌲 第四步　排放动力转向液

1 举升车辆，使车辆轮胎离开地面约10cm的高度，并可靠锁止。

 提示：

（1）将车辆举升到离地检查车辆是否安全，然后再次检查垫块，同时拆除挡块。

（2）再次举升车辆将车辆举到规定的的高度，以便进行操作。同时检查举升机锁止是否到位。

（3）在每次举升或下降过程中都需要检查车辆周围是否有障碍物。

2 旋下储液罐盖。

 提示：

把储液罐盖放置在零件车上。

3 用吸管吸出储液罐内的动力转向液，盛放到吸油器内。

 提示：

（1）两位学生相互配合，一个操控吸油器，另一个拿住吸管往储液罐内吸出动力转向液，直至吸干为止。减少拆卸回油管时的洒失量。

（2）注意不要将油液洒落到身上和地面上。

4 将接油盘置于储液罐下方。

 提示：

将接油盘放置在车辆下方，同时把塑料软管也放置好。

用合适工具压紧转向器回油管与储液罐连接端的卡箍,并使两者分离。

提示:

(1) 用尖嘴钳压紧卡箍,并使之移向回油管一侧。
(2) 用手拉离回油管与管接头接触端,使两者分离。
(3) 压紧卡箍所处空间狭小,须防止碰伤手。

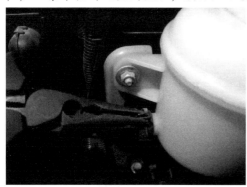

 将适当长度软管与回油路连接起来。

提示:

通过软管将回油管和接油盘连接起来,这样便于接收动力系统中的剩余动力转向液。

 管路连接后,向左向右转动转向盘至极限位置5次。

提示:

(1) 2号学生进入驾驶室,起动发动机并保持急速运转。
(2) 操作转向盘左右转动极限位置5次。

 使回油管中的动力转向液注入接油盘中。

提示:

(1) 通过转动转向盘,可以将转向油泵和转向器动力油缸内的动力转向液排放出来。
(2) 1号学生观察接油盘内无动力转向液排出后,告知2号学生关闭发动机运转。
(3) 此时动力转向系统的动力转向油液排放完毕。

▲ 第五步 清洗系统油路

 用适当的堵头安装到储液罐的回油管接口上。

提示:

堵头的大小以刚好堵住储液罐的回油管接口为好,堵住之后,清洁接口周围洒落的油液。

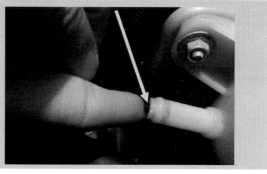

两位学生配合，将新的动力转向液加注到储液罐内。

提示：

将新的动力转向液加注到储液罐内，直到液面达到"MAX"刻度线。

 起动发动机并保持怠速运转。

提示：

由 2 号学生辅助操作起动发动机和转动转向盘。

 向左向右转动转向盘至极限位置 5 次。

提示：

（1）通过新的动力转向液在管路内循环流动，可将系统中残留管路、动力油缸内的动力转向液冲洗干净。

（2）车外学生注意观察储液罐内动力转向液存量，不足应及时添加。

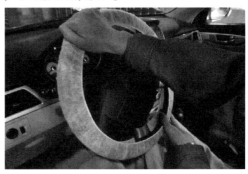

 车外学生观察接油盘内从系统中排出的动力转向液状况。

提示：

如果动力转向液呈清亮透明，则证明系统油路已清洗干净，并告知车内学生停止转动转向盘和发动机运转。至此油路清洗完毕。

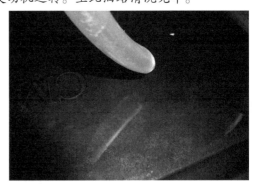

🏆 第六步　加注动力转向液

 取下回油管上堵头。

提示：

取下堵头后，及时用抹布清洁洒落的油液。

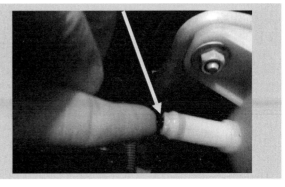

分离回油管与塑料软管的连接。

提示:

在分离回油管与塑料软管的连接后,应及时清理管口可能洒落的油液。

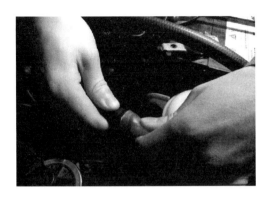

 将转向器的回油管安装至储液罐上。

提示:

先用手将回油管安装至储液罐上,然后用钳子将回油管卡箍安装到位。

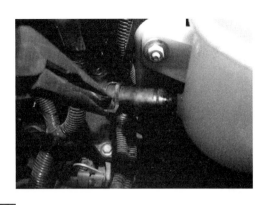

 两位学生相互配合,将动力转向液加注到储液罐内。

提示:

将动力转向液加注到储液罐内,并使液面达到"MAX"刻度线。

第七步 系统排气

 2号学生进入驾驶室,转动转向盘。

提示:

(1) 仍然保持车轮离地状态,排放系统内的空气,使转向省力。
(2) 发动机不运转,动力转向系统不工作,更有利于系统内排放大量空气。
(3) 转动转向盘向左向右至极限位置5次。

 1号学生观察储液罐中空气排放情况。

提示:

(1) 随着转向盘的转动,储液罐内会有气泡冒出。
(2) 注意观察储液罐中的油量变化,必要时补充油液。

2号学生起动发动机并保持怠速运转。

提示：

当储液罐内不再有气泡出现后，2号学生起动发动机并保持怠速运转。

 2号学生再次转动转向盘。

提示：

起动发动机后，动力转向系统开始工作，转动转向盘，既有利于排出系统内的残余空气，又可以检验系统的工作性能。

 1号学生检查储液罐内的动力转向液液面位置。

提示：

储液罐内的动力转向液液面位置，应位于"MAX"与"MIN"刻度线之间，若液面过低，应添加油液；若液面过高，则吸出多余油液。

 盖好储液罐盖。

提示：

及时用抹布清洁洒落的油液。

 操纵举升机，降下车辆。

提示：

降下车辆时，应确保周边安全，严格按照举升机操作规范进行作业。

第八步 清洁整理

 1号学生清理车内卫生。

提示:

用干净的抹布擦拭。

 1号学生取下三件套。

提示:

取下时按照转向盘套、座椅套及脚垫的次序,并取出车钥匙。

 2号学生取下翼子板布和前格栅布。

提示:

取下后并折叠放入工具车内。

 2号学生盖好发动机舱盖。

提示:

(1) 一手稍微抬起发动机舱盖并扶住,另一手放下支撑杆,并使支撑杆得到可靠固定。
(2) 两手慢慢放下发动机舱盖,盖好发动机舱盖。

 1号学生清洁车面。

提示:

用干净的抹布擦拭车身。

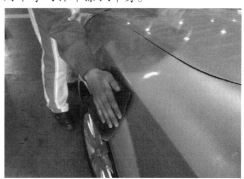

 2号学生清洁和整理工具。

提示:

用普通的抹布擦拭工具,擦好后放入工具车。

7 2号学生取出垫块和车轮挡块。

提示：

把取出的垫块和车轮挡块，放到规定的位置。

 8 由教师把车辆驶离，1号、2号学生共同打扫地面卫生（同项目一）。

提示：

车辆须由有驾驶证的教师驶离，然后学生清洁场地，确保工作环境干净。

五 考核标准

考 核 标 准 表

序号	操作步骤	考 核 项 目	满分	评 分 标 准	得分
1	一、操作前准备	清理场地，准备工具	1	未清理扣1分	
2		由教师将车辆停驻在举升机平台的中心位置	1	操作不当扣1分	
3		安装车内三件套	2	安装不到位扣2分	
4		进入车内，确认拉紧驻车制动器操纵杆	1	操作不当扣1分	
5		并将变速器挡位置于空挡	1	操作不当扣1分	
6		在车轮的前后行驶方向上，塞上车轮挡块	2	操作不到位扣2分	
7		打开发动机舱盖，并可靠支撑	2	操作不当扣2分	
8		将翼子板布粘贴在汽车上	2	操作不当扣2分	
9	二、检查液位	进入驾驶室内，将转向盘回正	1	操作不当扣1分	
10		在车辆外，观察车辆转向轮	1	操作不当扣1分	
11		清洁动力转向系统的储液罐外壳	2	操作不到位扣2分	
12		旋下储液罐盖，查看油液颜色	2	操作不当扣2分	
13		观察液面高度	2	操作不当扣2分	
14		盖好储液罐盖	1	操作不当扣1分	
15	三、系统泄漏检查	进入驾驶室，起动发动机并保持怠速运转	2	操作不当扣2分	
16		转动转向盘至极限位置并保持不变	2	操作不当扣2分	
17		检查转向器壳及各油管接头处是否有漏油现象	3	操作不当扣3分	
18		检查转向油泵及各管接头处是否有漏油现象	3	操作不当扣3分	
19		检查储液罐及各管接头处是否有漏油现象	3	操作不当扣3分	
20		检查完毕后转向盘回正，并发动机熄火	2	操作不当扣2分	

续上表

序号	操作步骤	考 核 项 目	满分	评分标准	得分
21	四、排放动力液	举升车辆,并可靠锁止	2	操作不当扣2分	
22		旋下储液罐盖	1	操作不当扣1分	
23		用吸管吸出储液罐内的动力转向液,盛放到吸油器内	5	操作不当扣5分	
24		将接油盘置于储液罐下方	2	操作不当扣2分	
25		用合适工具压紧转向器回油管与储液罐连接端的卡箍,并使两者分离	5	操作不当扣5分	
26		将适当长度软管与回油路和接油盘连接起来	3	操作不当扣3分	
27		管路连接后,向左向右转动转向盘至极限位置	2	操作不当扣2分	
28		使回油管中的动力转向液注入接油盘中	2	操作不当扣2分	
29	五、清洗系统油路	用适当的堵头安装到储液罐的回油管接口上	2	操作不当扣2分	
30		两位学生配合,将新的动力转向液加注到储液罐内	2	操作不当扣2分	
31		起动发动机并保持怠速运转	2	操作不当扣2分	
32		向左向右转动转向盘至极限位置5次	2	操作不当扣2分	
33		车外学生观察接油盘内系统中排出的动力转向液	2	操作不当扣2分	
34	六、加注动力液	取下回油管上堵头	2	操作不当扣2分	
35		分离回油管与塑料软管的连接	2	操作不当扣2分	
36		将转向器的回油管安装至储液罐上	3	操作不当扣3分	
37		将动力转向液加注到储液罐内	2	操作不当扣2分	
38	七、系统排气	进入驾驶室,转动转向盘	2	操作不当扣2分	
39		观察储液罐中空气排放情况	2	操作不当扣2分	
40		启动发动机并保持怠速运转	1	操作不当扣2分	
41		再次转动转向盘	2	操作不当扣2分	
42		检查储液罐内的动力转向液面位置	2	操作不当扣2分	
43		盖好储液罐盖	2	操作不当扣2分	
44		操纵举升机,降下车辆	2	操作不当扣2分	
45	八、清洁整理	清理车内卫生	1	操作不当扣1分	
46		取下三件套、车钥匙	2	操作不当扣2分	
47		取下翼子板布和前格栅布	1	操作不当扣1分	
48		学生盖好发动机舱盖	1	操作不当扣1分	
49		学生清洁车面	1	操作不当扣1分	
50		学生清洁和整理工具	1	操作不当扣1分	
51		学生取出垫块和车轮挡块	1	操作不当扣1分	
52		打扫地面卫生	2	操作不当扣2分	
		总分	100	实际得分	

六 知识拓展

汽车电子化已成为当前的热点,电子信息技术和汽车制造技术逐步走向融合,电子技术让汽车转向系统达到一个新的领域。随着未来汽车市场的快速发展和汽车电子价值含量的迅速提高,我国汽车电动转向系统将形成巨大的经济规模效应。可以预料,随着我国汽车技术的进步,汽车电子新技术必将会得到越来越广泛的应用,汽车电动转向系统也必将走向成熟,应用更加广泛。

电动动力转向系统,英文全称是 Electronic Power Steering,简称 EPS,它利用电动机产生的动力协助驾车者进行动力转向。EPS的构成，不同的车尽管结构部件不一样，但大体是雷同。一般是由转矩传感器、电子控制单元、电动机、减速器、机械转向器以及蓄电池电源所构成。主要工作原理：汽车在转向时，转矩传感器会"感觉"到转向盘的力矩和拟转动的方向，这些信号会通过数据总线发给电子控制单元，电子控制单元会根据传动力矩、拟转的方向等数据信号，向电动机控制器发出动作指令，从而电动机就会根据具体的需要输出相应大小的转动力矩，从而产生了动力转向。如果不转向，则本套系统就不工作，处于待命状态等待调用。由于电动动力转向的工作特性，你会感觉到开这样的车，方向感更好，高速时更稳，俗话说方向不发飘。又由于它不转向时不工作，所以在一定程度上节省了能源。一般高档轿车使用这样的动力转向系统的比较多。

项目 8 轮胎的检查与换位

一 学习目标

(1) 熟悉车轮的结构和类型；
(2) 了解车轮的作用与轮胎规格的表示方法；
(3) 学会车轮的拆装与检查操作；
(4) 学会车轮换位操作。

二 情景导入

一辆别克凯越轿车，在行驶 20000km 左右出现了前后轮胎磨损不均匀的现象，经过检查需要进行车轮的换位，下面以别克凯越轿车为例进行车轮的检查与换位。

三 知识链接

1 车轮的结构和类型

汽车车轮是汽车行驶系统中的重要部件，位于汽车车身与路面之间，其作用是支撑整车的质量；缓和由路面传来的冲击力；通过轮胎同路面间存在的附着力来产生驱动力和制动力；保持汽车的行驶方向。车轮一般由轮胎、轮辋、轮辐三部分组成。

2 轮胎的类型与结构

轮胎是各种车辆上装配的与地面接触滚动的圆形橡胶制品。安装在金属轮辋上，能支撑车身，缓冲外界冲击，实现与路面的接触并保证车辆的行驶性能。

1）轮胎的类型

按轮胎内空气压力的大小可分为高压胎（0.5～0.7MPa）、低压胎（0.2～0.5MPa）、超低压胎（0.2MPa 以下）。低压胎弹性好、断面宽、接地面积大、壁薄散热好，从而提高了汽车行驶的平顺性、稳定性，同时提高了轮胎的使用寿命，因而得到广泛使用。超低压胎在松软路面上具有良好的通过能力，多用于越野汽车及部分高级车型。按胎体帘布层的结构不同，还可分为斜交轮胎和子午线轮胎。目前，子午线轮胎在汽车上广泛应用。根据花纹不同分为：普通花纹轮胎、组合花纹轮胎、越野花纹轮胎。目前汽车上应用的轮胎主要是低压（超低压）、无内胎的子午线轮胎。

2）轮胎的结构

充气轮胎按结构不同，可分为有内胎轮胎和无内胎轮胎（俗称真空胎）两种，它由胎面、帘布层、缓冲层和胎圈组成。轮胎内胎是一个环形橡胶管，上面装有气门嘴，以便充入或排出空气，其尺寸略小于外胎内壁尺寸。垫带是装在内胎与轮辋之间的一个环形橡胶带，保护内胎不被轮辋和胎圈磨坏，防止尘土及水汽侵入胎内。

无内胎轮胎在外观和结构上与有内胎相似，不同的是无内胎轮胎的外胎壁上有一层较薄的专门用来封气的橡胶密封层，在胎圈上做出若干道环形槽纹，在轮胎内部气压作用下，槽纹使胎圈可靠地紧贴在轮辋边缘上，保证轮胎与轮辋的密封性。无内胎轮胎的气门嘴直接固定在轮辋上，其间垫以密封用的橡胶密封衬垫。

3 车轮换位

车轮换位是将车轮从前向后、从左到右进行换位。通常情况下前轮比后轮的磨损更快，因此必须进行轮胎换位。车轮换位可使轮胎磨损均匀，约可延长 20% 的使用寿命，在路面拱度较大的地区或夏季，轮胎磨损差别较大，可适当增加换位次数。

轮胎换位方法根据驱动系统、备用轮胎类型和特征的不同而不同。主要换位方法如下：

（1）FF车辆无备胎：左前→左后、左后→右前、右前→右后、右后→左前。

（2）FF车辆有备胎：左前→备胎、备胎→左后、左后→右前、右前→右后、右后→左前。

（3）FR车辆无备胎：左前→右后、右后→右前、右前→左后、左后→左前。

（4）FR车辆有备胎：左前→右后、右后→右前、右前→左后、左后→备胎、备胎→左前。

（5）单向轮胎：左前→左后、左后→左前、右前→右后、右后→右前。

四 项目实施

（一）技术标准与要求

（1）09款别克凯越1.6L车型轮胎规格：195/55R15 85H。

（2）轮胎充气压力：前轮205kPa，后轮205kPa。

（3）前轮轮胎比后轮轮胎花纹磨损严重时，应进行轮胎换位。

（4）轮胎的花纹深度大于1.6mm。

（5）车轮螺栓的紧固力矩为100N·m。

（二）实训时间

实训时间为30min。

（三）实训器材

套筒

短接杆

棘轮扳手

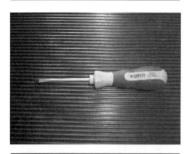

一字螺丝刀

轮胎花纹深度尺

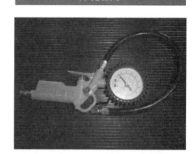

轮胎气压表

扭力扳手

毛笔和肥皂水

风动扳手

(四)教学组织

1 教学组织形式

本课程为"工艺化"实训课,实训教师 1 名,学生 24 名,实训室共有 6 个实训工位,按照 4 人 1 个工位编组。

2 学生的站位分工和要求

学生按规定的工位站立,按教师的指令同时进行独立的操作。

3 实训教师职责

播放教学视频,并讲解实训项目的操作步骤和相关的注意事项;下达"开始操作"口令;巡视、检查、指导和纠正学生操作中的错误;课堂总结;组织学生对实训室进行清洁整理。

4 学生职责

认真观看教学视频;完成教师布置的任务;做好课后的清洁整理工作。

(五)操作步骤

🌲 第一步 前期准备

1 清理整理工具。主要包括风动扳手、轮胎气压表、扭力扳手、接杆、套筒、轮胎花纹深度尺、肥皂水、毛笔、纱布等。

2 安装车内三件套。按照地板垫、转向盘套、座椅套的顺序安装三件套。

提示:

在安装座椅套要轻慢,防止撕破损坏。

3 挂入空挡,释放驻车制动器操纵杆。插入钥匙,打开点火形状至 ON 位置。将变速杆挡位挂入空挡,释放驻车制动器操纵杆,然后关闭点火开关。

提示:

不同的车型换挡位的方式有所不同。

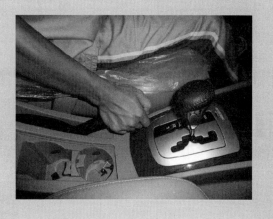

第二步 拆卸车轮

 车辆举升。将车辆举升到与人胸口平齐位置，并锁止举升机保险装置。

提示：

举升机的操作要领和规范要求，请参阅举升机的使用方法。

 拉出气管。将气管从气管收集器中拉出来，根据需要的长度来确定拉出来的长度。

提示：

拉出过程中注意一只手拿住气管的一端，另一只手从里往外拉，然后将拉出来的部分用另一只手拿住，这样直到拉到所需要的长度为止。最后听"嗒嗒"声停止拉气管操作。

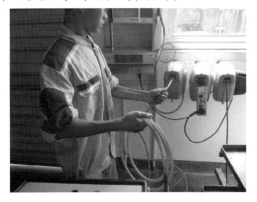

 打开气管阀门。打开气管收集器的开关，使气管充满高压气体。

提示：

此操作是检查气管中是否有高压气体。

 连接检查风动扳手。将气管拉到左前车轮处，然后从工具车上取来风动扳手，将气管插入到风动扳手中，同时把21mm风动套筒装上。然后再选择好风动扳手的挡位与旋转方向。

提示：

安装过程注意要一次性用力将气管插入到风动扳手中。在安装套筒时也要注意方向。

 拆卸车轮螺母。将风动扳手放入到轮胎左侧螺栓孔中。按下风动扳手，将车轮螺母打出来。然后沿对角线方向将左前车轮的所有螺母打出来。

提示：

按照相同的操作步骤和规范要求，拆卸其他车轮。

6 整齐摆放车轮螺母。打下螺母以后,将螺母按照直线的顺序排好,注意一定要放整齐,而且要做到一次性放好。

7 拔出气管。打完轮胎螺母后,将风动扳手从气管中拔出来,然后将风动扳手放在工具车上。

提示:

拔气管的动作一定要注意,左手拿好风动扳手,右手按下气管扣子,用力向下拉,这样就可以将其拉下。

8 回收气管。将刚才拉出来的气管收回到气管收集器中去。

提示:

在收气管的时候不要太快,一端用手拉住,另一只手则将气管收回到气管收集器中去。

9 关闭气管阀门。最后关闭气管的阀门,防止漏气。

提示:

关闭阀门的动作一定要牢记,否则很容易忘记。

10 取下车轮。走到左前车轮处,将刚才已经打松的轮胎从汽车搬运下来。

提示:

在搬运轮胎过程中,双手必须放在轮胎的外胎侧,不能将手放到里面轮辐处。另外,不可将轮胎放在地上以及在地上滚动。

将车轮放至轮胎架。将搬运过来的轮胎放在轮胎架上面。

提示：

其他的车轮也参照此方法拆卸。

第三步 车轮检查

 检查轮胎是否有裂纹、割痕或其他损坏。转动车轮一圈，目视检查轮胎表面是否有裂纹、割痕或其他的损坏。

提示：

检查时可分三次，每次转动120°，以便配合完成检查。

 检查轮胎是否有金属颗粒或者其他异物。转动车轮一圈，目视检查轮胎是否有金属颗粒或者其他异物。

提示：

检查时可分三次，每次转动120°，以便配合完成检查。

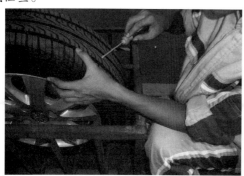

 检查轮胎是否有异常磨损。转动车轮一圈，目视检查轮胎是否有异常磨损。

提示：

检查时可分三次，每次转动120°，以便配合完成检查。

 检查轮辋是否损坏、腐蚀、变形。分两侧目视检查轮辋是否有损坏、腐蚀、变形。

提示：

在检查时，用手轻轻地去摸轮辋，同时用眼睛看，来检查其是否有损坏、腐蚀或变形的情况。

清洁与校零轮胎花纹深度尺。从工具车中取来轮胎深度尺，进行胎面沟槽深度的测量。

提示：

在轮胎花纹深度尺取来的时候需要进行清洁与校零。

 测量轮胎花纹深度。在轮胎胎面上找到一条槽进行测量，然后转动轮胎120°换一条槽进行第二次测量，再将轮胎转动120°再换一条槽进行第三次测量。操作完成后，将轮胎花纹深度尺放回原处。

提示：

标准值：1.6mm。

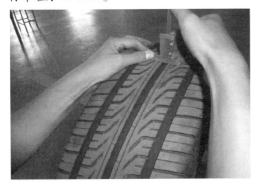

 拆卸气门嘴盖。在轮胎上找到气门嘴，旋出气门嘴盖，以便进行轮胎气压和漏气的检查。

 检查轮胎气压表。从工具车中取来轮胎气压表，以便进行轮胎气压的检查。

提示：

在检查气压之前，我们需要对轮胎气压表进行对零，以确保其是否标准。

 检查轮胎气压。将轮胎气压表插入到气门嘴处，然后观察轮胎气压表，读取轮胎气压值，检查气压是否在正常范围内，如气压不足需对其进行充气。

提示：

标准值：前轮为205kPa；后轮为205kPa。

 检查漏气。将肥皂水涂在气门嘴的周围，检查轮胎是否漏气。如果有气泡出来，说明轮胎漏气，否则正常。

提示：

检查完以后，清洁气门嘴周围。

🌲 第四步　车轮临时安装

1 搬运车轮。从轮胎架上面把左前车轮抱起来，走到车辆的左前车轮处。

> 提示：
>
> 在搬运车轮过程中，手不能放在轮辋里面，并且轮胎不可以着地。

2 车轮临时安装。双手放在轮胎的外胎外，将车轮装到制动盘上面。此时手不可以放在轮辋里面去。此安装过程要注意有一定难度，首先这个车轮上面的孔必须先与制动盘上面的孔对上，然后你再安装上去，必须一次性安装到位。

3 安装车轮螺母。一只手扶住车轮，不要让车轮倾斜。然后另一只手从工具车上拿来车轮螺母，将螺母装到上面的车轮孔中微微拧紧，然后按照对角线方向安装所有螺母。其他车轮按照同样方法安装。

> 提示：
>
> 此时我们要保持好车轮的平衡，保持稳定，我们可以通过下面那只手来进行控制。

🌲 第五步　紧固车轮螺母

1 车辆下降。操作举升器，将车辆下降到地面。

> 提示：
>
> 在操作举升器时要注意举升器使用的注意事项。

轮胎的检查与换位 项目 8

2 拉紧驻车制动器操纵杆。先安装挡块，然后进入车内，将变速杆置于 P 位，再拉起驻车制动器操纵杆。

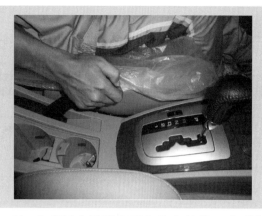

3 紧固车轮螺母。

1) 从工具车中先拿来扭力扳手，按照规定的力矩调好，然后锁住。再从工具车中选好短节杆和 19mm 套筒，准备紧固螺母。

 提示：

各拧紧方向一定要朝向操作人员自身的方向用力，以免造成伤害。

2) 拿着扭力扳手走到左前车轮处，右手握住扭力扳手手柄，左手握接杆连接处，将套筒套进上面的螺母，右手慢慢用力旋紧，当听到"嗒"一声时就可以停止操作，此时已经紧固到了规定力矩，然后按照对角线方向紧固所有螺母。按照同样方法紧固其他车轮螺母。

 提示：

标准值：100N·m。

第六步　恢复、清洁

1 拆除车内三件套。按座椅套、转向盘套、地板垫的顺序拆除三件套，然后拔出钥匙，锁好车门，并将三件套分类放到垃圾筒中。

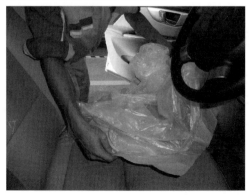

2 清洁整理工具。将所有使用过的工具全部清洁好，然后将其放回工具车的原始位置，并清洁工具车和其他设备。

119

五 考核标准

考核标准表

序号	操作步骤	考核项目	满分	评分标准	得分
1	一、前期准备	清理整理工具	2	操作不当扣2分	
2		安装车内三件套	2	操作不当扣2分	
3		挂入空挡，释放驻车制动器操纵杆	2	操作不当扣2分	
4	二、拆卸车轮	车辆举升	3	操作不当扣3分	
5		拉出气管	2	操作不当扣2分	
6		打开气管阀门	2	操作不当扣2分	
7		连接检查风动扳手	3	操作不当扣3分	
8		拆卸车轮螺母	4	操作不当扣4分	
9		整齐摆放车轮螺母	3	操作不当扣3分	
10		拔出气管	2	操作不当扣2分	
11		回收气管	2	操作不当扣2分	
12		关闭气管阀门	3	操作不当扣3分	
13		取下车轮	4	操作不当扣4分	
14		将车轮放至轮胎架	2	操作不当扣2分	
15	三、车轮检查	检查轮胎是否有裂纹、割痕或其他损坏	4	操作不当扣4分	
16		检查轮胎是否有金属颗粒或者其他异物	4	操作不当扣4分	
17		检查轮胎是否有异常磨损	4	操作不当扣4分	
18		检查轮辋是否损坏、腐蚀、变形	4	操作不当扣4分	
19		清洁与校零轮胎花纹深度尺	2	操作不当扣2分	
20		测量轮胎花纹深度	6	操作不当扣6分	
21		拆卸气门嘴盖	3	操作不当扣2分	
22		检查轮胎气压表	3	操作不当扣2分	
23		检查轮胎气压	5	操作不当扣5分	
24		检查漏气	5	操作不当扣5分	
25	四、车轮临时安装	搬运车轮	3	操作不当扣3分	
26		车轮临时安装	3	操作不当扣3分	
27		安装车轮螺母	4	操作不当扣4分	
28	五、紧固车轮螺母	车辆下降	3	操作不当扣3分	
29		拉紧驻车制动器操纵杆	3	操作不当扣3分	
30		紧固车轮螺母	4	操作不当扣4分	
31	六、恢复清洁	拆除车内三件套	2	操作不当扣2分	
32		清洁整理工具	2	操作不当扣2分	
		总分	100	实际得分	

六 知识拓展

轮胎规格的表示方法

斜交轮胎的规格我国采用国际标准，斜交轮胎的规格用 $B-d$ 表示，载重汽车斜交轮胎和轿车斜交轮胎的尺寸 B 和 d 均用英寸（in）为单位。B 为轮胎的断面宽度代号，d 为轮辋直径代号，示例如下：9.00－20表示轮胎的断面宽度为9.00in，轮辋直径为20in。

子午线轮胎一般标注有"Z"字母,但有的用英文缩写字母"R"表示。如东风 EQ1092 型汽车用的子午线轮胎表示为 9.00R20。

子午线轮胎用 ISO 新标准表示,轮胎宽的单位用毫米表示,车轮轮辋用英寸表示,扁平轮胎还表示扁平率(高 H 宽 B 比)。例如上海桑塔纳轿车装用的子午线内胎轮胎,规格为 185/70SR14:

(1) 185——轮胎断面宽度代号,表示轮胎断面宽度为 185mm。

(2) 70——轮胎扁平率代号,表示扁平率为 70%。扁平率有 60%、65%、70%、75%、80% 五个级别,数字越小,轮胎越矮,即轮胎越扁平。

(3) R——子午线轮胎代号,即"Radial"的第一个字母。

(4) 14——轮辋的直径代号,表示轮辋直径为 14in。

(5) S——速度等级代号,表明轮胎能行驶的最高车速。

项目 9　轮胎和轮辋的分解与组装

一　学习目标

(1) 了解汽车轮胎结构和技术参数；
(2) 掌握汽车车轮扒胎机的操作规范；
(3) 培养学生团队合作的能力。

二　情景导入

轮胎因为磨损接近期限或者轮胎被扎破需要修补，这时都需要将轮胎与轮辋进行分离，然后更换新胎后或修补后，轮胎与轮辋需要组合。这个过程都需要使用轮胎扒胎机。

三　知识准备

扒胎机是一种实现将汽车轮胎从轮辋上拆下、安装和充气功能的设备，它主要用于轮胎的修补、更换和安装等，是汽车修理厂、汽车轮胎店和汽车装胎厂等必备的设备，在国内除称其为扒胎机外，还有称之为车轮拆装机、拆胎机等。

车轮扒胎机目前在市场主要有半自动侧摆臂式车轮扒胎机，半自动右倒臂式、全自动车轮扒胎机等，因半自动摆臂式车轮扒胎机优点是使用方便、价格较便宜，而被广泛应用。

四　项目实施

(一) 技术标准与要求

(1) 当安装和拆卸轮胎时为了不损伤轮辋，必须使用专用轮胎撬棒。

(2) 为了方便轮胎的拆卸和保护轮胎及轮辋，在轮胎和轮辋之间务必使用工业润滑剂或轮胎润滑剂进行润滑。

(3) 对轮胎充气应符合规定值。

(二) 实训时间

实训时间为 30min。

(三) 实训器材

21mm 套筒

风动扳手

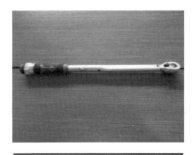
扭力扳手

轮胎和轮辋的分解与组装 项目9

平衡块专用钳

扒胎机

一字螺丝刀

气压表

普通抹布

轮胎花纹深度尺

气门芯拆装专用工具

撬棒

轮胎拆装润滑剂

肥皂水

平口钳

新气门嘴

（四）教学组织

❶ 教学组织形式

每辆车可安排8名学生参与实训，两人为一组。

❷ 学生站位分工和要求

一组两名学生参与实训，按照1号、2号进行编号，1号学生为主，2号学生为辅；其他学生在旁边观察。

❸ 实训教师职责

（1）讲解操作任务的作业流程、操作步骤、技术规范和注意事项。

（2）组织、学生进行操作。

（3）在实训中进行巡视检查、指导和纠正学生的错误。

❹ 学生职责变换

4组学生实行职责轮流变换制度：第一次一组进行操作，二组进行指导，三组进行观察，四组进行评分。然后进行依次循环，循环结束后组内1号学生与2号学生转换位置，进行再次循环。

（五）操作步骤

🌲 第一步　操作前准备

 清理场地，准备工具（同项目一）。

提示：

（1）车辆进入工位前，应将工位卫生清理干净，并准备好相关的工具、物品等。

（2）培养良好的工作习惯，做好事前准备，有利于安全操作和提高工作效率。

 由教师将车辆停驻在举升机平台的中心位置。

提示：

此项工作必须由有驾照的教师完成，不能让中职学生移动车辆，并且在驾车过程要注意安全。

 1号学生安装车内三件套。

提示：

保护罩是由薄塑料、无纺布等材料制成，极易破损。因此在安装时，应用力均匀，避免因用力过大造成损坏。其主要作用是在操作过程中保持驾驶室内清洁。

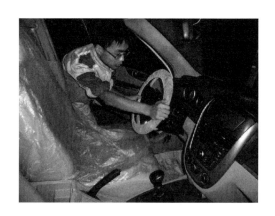

 1号学生进入车内，确认拉紧驻车制动器操纵杆。

提示：

为保证车辆在工位上可靠停放，防止出现移动，造成直接安全事故，要检查并拉紧驻车制动器操纵杆。

将变速器挡位置于空挡。

提示：

如何把挡位置于空挡，教师要告知学生，并指导学生如何操作。

 2号学生在车轮的前后行驶方向上，塞上车轮挡块。

提示：

为了确保车辆的可靠停放，须在车外放上车轮挡块。每个车轮上都要塞上车轮挡块。

🌲 第二步　拆下汽车车轮

 安装车轮垫块。

提示：

把车轮垫块放在举升机的托板上，并对准车辆上的托举部位（支撑点），防止举升时的车辆出现受力不稳，出现倾斜。

 车辆举升。

提示：

（1）将车辆举升到离地，检查车辆是否安全，然后再次检查垫块，同时拆除挡块。

（2）再次举升车辆，将车辆举到规定的的高度，以便进行操作。同时检查举升机锁止是否到位。

（3）在每次举升或下降过程中都需要检查车辆周围是否有障碍物。

 拆卸车轮螺母。

提示：

（1）先将气管连接到风动扳手上，同时检查气管连接情况是否良好。

（2）先将旋向调到R位置，再调整旋钮置于1挡，风动扳手转动，检查旋转方向，然后将调整旋钮置于5挡。

（3）先用风动扳手按对角线顺序旋松轮胎螺母，并旋出。

（4）先取下轮辋装饰罩，后用双手搬下车轮。

倾斜损伤螺栓螺纹和车轮不慎脱落。

（2）如果不用举升机举升车辆去拆卸车轮，可以用卧式千斤顶单侧举升车辆去拆卸车轮，操作方法可参考备胎的更换方法。

 4 取下车轮。

提示：

（1）两名学生配合拆卸车轮，可以防止车轮

第三步　检查车轮外观

1 清洁胎面。

提示：

先要清除黏附的脏东西，可以用普通抹布清洁，如果不能清除干净，可事先用高压水枪冲洗；然后用一字螺丝刀剔除轮胎花纹中所嵌入的东西，确保胎面无杂物。

 2 清洁轮辋表面。

提示：

用普通抹布清洁轮辋两侧。

 3 检查轮辋。

提示：

目测轮辋表面是否损伤、变形。

测量轮胎花纹深度。

提示：

均匀选取轮胎表面的几个点，用轮胎花纹深度尺测量轮胎花纹深度。

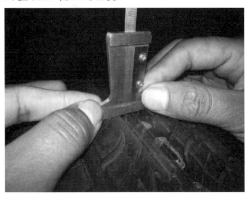

 检查胎面完好程度。

提示：

转动轮胎检查胎面磨损是否逾限；察看胎侧是否有损伤。

 拆卸平衡块。

提示：

用平衡块专用钳拆除轮辋上的平衡块，拆卸时，动作应规范，避免刮花轮辋表面。

 轮胎放气。

提示：

（1）取下防尘帽，用气门芯拆装专用工具，拧松气门芯，缓慢放气。

（2）不要一次性完全拧出气门芯，防止气流和气门芯冲出伤人。

（3）在拧松气门芯时，面部不要正对气门嘴。

🌲 第四步　分离轮辋与轮胎密封面

 将车轮放在扒胎机旁边。

提示：

将车轮直立放在轮胎扒胎机右侧橡胶垫旁，使轮辋对准橡胶垫。

扳动分离铲手柄。

提示：

（1）通过手柄把分离轮胎密封面专用工具分离铲扳到距离轮辋边缘1cm处，并贴靠轮胎胎侧位置。

（2）专用工具分离铲不能与轮辋接触，防止刮伤、磕碰轮辋。

 踩下分离踏板。

提示：

（1）通过踩下分离踏板，在分离铲作用下使轮胎胎缘与轮辋分离。

（2）在分离铲作用时，同时要控制好车轮不移动。防止刮伤、磕碰轮辋。

 松开分离踏板。

提示：

左脚松开分离踏板，同时右手向外扳动分离铲手柄。

 继续分离轮辋与轮胎密封面。

提示：

（1）松开分离踏板，原地旋转车轮60°～90°，然后踩下分离踏板。

（2）在分离铲作用时，同时要控制好车轮不移动。防止刮伤、磕碰轮辋。

（3）重复以上动作，直到这一侧轮胎胎缘与轮辋彻底分离。

 车轮翻面。

提示：

使车轮的另一侧靠在扒胎机的橡胶垫上。

7 分离轮辋与轮胎密封面。

提示：

重复以上1~5步骤，使轮胎的另一个胎缘与轮辋彻底分离。

🌲 第五步　把车轮固定在转盘上

1 将车轮放在扒胎机的转盘上。

提示：

（1）在放上前，应检查转盘上有无异物。
（2）须是轮胎密封面与轮辋待分离的车轮。

2 将轮辋有气门嘴的一侧朝上。

提示：

（1）确定夹紧头在转盘的中心。
（2）轮辋必须平放在转盘上。

3 踩下夹紧踏板。

提示：

（1）扒胎机应先接好气管和电源。通过这个操作，可将车轮可靠地固定在转盘上。
（2）轮辋夹紧后用手晃动，检查是否有松动。

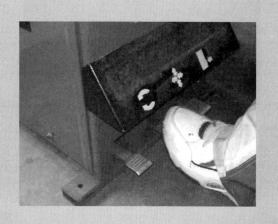

第六步 轮胎与轮辋的分离

 移动轮胎拆装头的摆臂。

提示：

通过移动，使摆臂往轮辋侧靠近，调整轮胎拆装头摆臂限位螺钉，预留空隙，防止在接下去的操作中拆装头碰到轮辋边缘。

 向下按压轮胎拆装头的立柱。

提示：

使轮胎拆装头靠近轮辋边缘，再次调整拆装头摆臂限位螺钉，将轮胎拆装头与轮辋边缘的距离（左右）调整为1～2mm。防止在扒胎过程中拆装头擦碰轮辋，造成损伤。

 用锁紧手柄将立柱锁紧。

提示：

须在轮胎拆装头与轮辋边缘的距离（上下）调整好后，才能锁紧立柱。防止在扒胎过程中拆装头擦碰轮辋，造成损伤。

 在拆装头上涂抹轮胎拆装润滑剂。

提示：

轮胎拆装润滑剂在分离轮辋与轮胎时可以起到润滑作用。防止损伤轮胎密封面及轮辋。

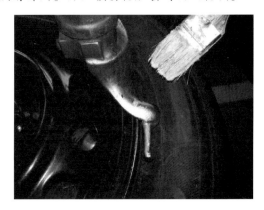

 把撬棒插入轮辋与胎缘之间。

提示：

在拆装头正下方插入撬棒，并注意插入时不要用力过猛，避免损伤轮胎与轮辋。

用撬棒使胎缘内侧套在拆装头上。

提示：

把撬棒靠住拆装头，手握撬棒上端，朝轮辋中心方向用力扳动，使胎缘内侧套在拆装头上，并使它可靠套住拆装头，防止滑脱（扳动方向如下图箭头所示）。

 取出撬棒。

提示：

须使胎缘内侧可靠套住拆装头的前提下，才能取出撬棒。

 踩下转盘的旋转踏板，扒出上侧轮胎。

提示：

（1）在踩下踏板时，双手同时用力下压拆装头相对一侧的轮胎，使胎缘不与轮辋接触，以便顺利扒出轮胎。

（2）踩下踏板，车轮与转盘一起转动，如有安全隐患或者出现割裂轮胎的状况时，应马上松开旋转踏板，如有必要踩转盘反转的踏板。

 松开旋转踏板。

提示：

当轮胎从轮辋上完全脱出后，才能松开旋转踏板。

 用同样的操作方法使轮胎与轮辋分离。

提示：

（1）把下面的胎缘往上抬，插入撬棒，重复上述6~9的步骤。

（2）操作中如有安全隐患或者出现割裂轮胎的状况时，应马上松开旋转踏板，如有必要踩转盘反转的踏板。

松开轮胎拆装头立柱锁紧手柄。

提示：

在松开立柱锁紧手柄后，立柱会快速上升，操作者要防止碰到手或者头部。

 移开轮胎拆装头摆臂。

提示：

移开轮胎拆装头摆臂，是为了方便取出分离后的轮胎与轮辋。

13 取下轮胎。

 取下轮辋。

提示：

踩下转盘的夹紧踏板，松开轮辋，并取下轮辋。

🌲 第七步 轮胎与轮辋的组装

 将轮辋固定在转盘上。

提示：

（1）需将有气门嘴的一面朝上。
（2）采用由内向外或由外向内的夹紧方式把轮辋夹紧。
（3）用手晃动检查，是否夹紧。

取下旧气门嘴，装上新气门嘴。

提示：

（1）防止由于旧气门嘴的橡胶老化，而产生漏气的隐患。

（2）可以用刀片割除旧气门嘴底端橡胶，并取出旧气门嘴。

（3）从轮辋内侧安装新气门嘴，按照下图所示方向用钳子夹住向外拉出，使新气门嘴安装到位。

 把轮胎放在轮辋上。

提示：

轮胎应是已经修补过的，或者是新轮胎，能够正常使用的。

 涂上轮胎拆装润滑剂。

提示：

用刷子在胎缘和拆装头上涂抹轮胎拆装润滑剂，减少安装时两者之间的磨损。

 移动摆臂至工作台上方。

提示：

通过移动，使摆臂往轮辋侧靠近，调整轮胎拆装头摆臂限位螺钉，预留空隙，防止在接下去的操作中拆装头碰到轮辋边缘。

 下压轮胎拆装头立柱。

提示：

下压，使轮胎拆装头靠近轮辋边缘，同时调整拆装头摆臂限位螺钉，拆装头至轮辋边缘处（距离轮辋表面）1~2mm，然后用锁紧手柄固定立柱。

把轮胎下面一侧胎缘放在拆装头上。

提示：

将轮胎胎缘外侧放在轮胎拆装头扁平侧上，轮胎胎缘内侧放在轮胎拆装头的圆头侧下面。与在轮胎和轮辋分离时，轮胎胎缘在拆装头上的上下位置刚好相反。

 左脚踩下转盘的旋转踏板。

提示：

（1）一般用左脚踩下踏板，使转盘转动，同时用手按住轮胎胎缘在拆装头上，轮胎随着轮辋一起转动，把轮胎接近转盘的一面装进轮辋内，然后松开旋转踏板。

（2）车轮与转盘一起转动时，如有安全隐患或者出现割裂轮胎的状况时，应马上松开旋转踏板，如有必要踩转盘反转的踏板。

 把轮胎上面一侧胎缘放在拆装头上。

提示：

把轮胎上面胎缘内侧放在轮胎拆装头扁平侧上，轮胎胎缘外侧放在轮胎拆装头的圆头侧下面。与在轮胎和轮辋分离时，轮胎胎缘在拆装头上的上下位置刚好相反。

 左脚踩下工作台旋转踏板。

提示：

（1）一般用左脚踩下踏板，使转盘转动，同时用手按住轮胎胎缘在拆装头上，轮胎随着轮辋一起转动，把轮胎上面的胎缘装进轮辋内，然后松开旋转踏板。

（2）车轮与转盘一起转动时，如有安全隐患或者出现割裂轮胎的状况时，应马上松开旋转踏板，如有必要踩转盘反转的踏板。

 移开轮胎拆装头摆臂。

提示：

移开轮胎拆装头摆臂，是为了方便取出分离后的轮胎与轮辋。

轮胎和轮辋的分解与组装 项目9

🌲 第八步 轮胎的充气

 用气枪对轮胎进行充气。

💥 提示:

（1）充气气枪放在扒胎机旁边。
（2）用气枪对准气门嘴对轮胎进行充气，直至轮胎两侧密封层与轮辋边缘完全贴合。
（3）充气压力不需要达到标准值。

 取下气枪。

💥 提示:

取下气枪，并把气枪放至原来的地方，须挂好。

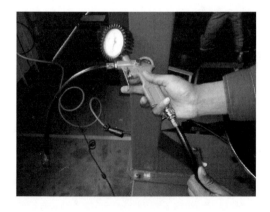

 把气门芯装入气门嘴中。

💥 提示:

用气门芯拆装专用工具，把气门芯装入气门嘴中，并拧紧；

 再次充气。

💥 提示:

用气枪对准气门嘴对轮胎进行充气，直至气压达到标准值，充气标准参照车辆使用手册。

 检查是否漏气。

💥 提示:

用刷子沾肥皂水涂抹气门嘴、气门芯、轮胎与轮辋密封处，检查是否漏气。

6 装上轮胎气门嘴防尘帽。

7 取下车轮。

踩下转盘的夹紧踏板，松开轮辋，并取下车轮。

🌲 **第九步 参照车轮动平衡操作**（项目10第三步）

🌲 **第十步 安装汽车车轮**

1 车轮临时安装。

（1）从轮胎架上搬起车轮，将安装孔对正轮胎螺栓，装到车上。

（2）先安装最上面的轮胎螺母，然后按对角线顺序旋入其余4个轮胎螺母。

（3）风动扳手试好旋转方向和挡位，并检查好连接情况，然后按照对角线顺序进行紧固。

2 降下车辆。

（1）检查车辆周围是否有障碍物。

（2）操作举升机控制台，将车辆下降到地面。

3 拧紧车轮固定螺母。

紧固时要注意扭力扳手的套筒不能碰到轮辋，用力方向为朝向自己身体拉且不能用力过猛，以防伤手。

4 拆除三件套。

提示:

取下时按照转向盘套、座椅套及脚垫的次序。

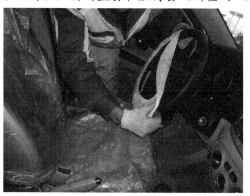

5 撤除垫块。

6 清洁整理。

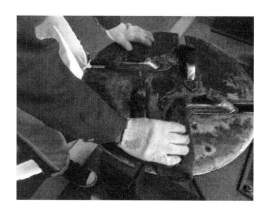

五 考核标准

考核标准表

序号	操作步骤	考 核 项 目	满分	评分标准	得分
1	一、拆下汽车车轮	安装三件套	1	操作不当扣1分	
2		安装车轮垫块	1	操作不当扣1分	
3		车辆举升	2	举升不到位扣2分	
4		拆卸车轮	1	操作不当扣1分	
5	二、检查车轮外观	清洁胎面	1	操作不当扣1分	
6		清洁轮辋表面	1	操作不当扣1分	
7		检查轮辋	1	操作不当扣1分	
8		测量轮胎花纹深度	1	操作不当扣1分	
9		检查胎面完好程度	1	操作不当扣1分	
10		拆卸平衡块	2	操作不当扣2分	
11		轮胎放气	1	操作不当扣1分	
12	三、分离轮辋与轮胎密封面	将车轮直立放在轮胎扒胎机右侧橡胶垫旁	1	操作不当扣1分	
13		通过手柄把分离轮胎密封面专用工具分离铲扳到距离轮辋边缘1cm处，并贴靠轮胎胎侧位置	2	操作不到位扣2分	
14		踩下分离踏板，使轮胎胎缘与轮辋分离	2	操作不当扣2分	
15		松开分离踏板	1	操作不当扣1分	
16		重复以上动作，直到轮胎胎缘与轮辋彻底分离	1	操作不当扣1分	
17		翻转车轮，重复以上步骤，使轮胎的另一个胎缘与轮辋彻底分离	3	操作不当扣3分	
18	四、固定在转盘上	把车轮放在扒胎机的转盘上	2	操作不当扣2分	
19		将轮辋有气门嘴的一侧朝上	2	操作不当扣2分	
20		踩下夹紧踏板，将车轮可靠地固定在转盘上	2	操作不当扣2分	

续上表

序号	操作步骤	考 核 项 目	满分	评 分 标 准	得分
21	五、轮胎与轮辋的分离	移动轮胎拆装头的摆臂	2	操作不当扣2分	
22		向下按压轮胎拆装头的立柱	2	操作不当扣2分	
23		用锁紧手柄将立柱锁紧	2	操作不当扣2分	
24		在拆装头上涂抹轮胎润滑剂	2	操作不当扣2分	
25		在拆装头下方，把撬棒插入轮辋与胎缘之间	2	操作不当扣2分	
26		使胎缘内侧向上套在拆装头上	2	操作不当扣2分	
27		取出撬棒	2	操作不当扣2分	
28		踩下转盘的旋转踏板，同时双手用力下压操作者一侧的轮胎，使胎缘不与轮辋接触	2	操作不当扣2分	
29		当轮胎从轮辋上脱出后，松开旋转踏板	2	操作不当扣2分	
30		把下面的胎缘往上抬，插入撬棒，用同样的操作方法使轮胎与轮辋分离	2	操作不当扣2分	
31		松开轮胎拆装头立柱锁紧手柄	2	操作不当扣2分	
32		移开轮胎拆装头摆臂	2	操作不当扣2分	
33		取下轮胎	2	操作不当扣2分	
34		取下轮辋	2	操作不当扣2分	
35	六、轮胎与轮辋的组装	将轮辋固定在转盘上（有气门嘴一面朝上）	2	操作不当扣2分	
36		取下旧气门嘴，装上新气门嘴	2	操作不当扣2分	
37		把轮胎放在轮辋上	2	操作不当扣2分	
38		在轮胎的胎缘侧和轮胎拆装头上涂上轮胎拆装润滑剂	2	操作不当扣2分	
39		移动摆臂至工作台上方	2	操作不当扣2分	
40		下压轮胎拆装头立柱至轮辋边缘处	2	操作不当扣2分	
41		将轮胎下面胎缘外侧放在轮胎拆装头上	2	操作不当扣2分	
42		左脚踩下踏板，把轮胎装进轮辋内	2	操作不当扣2分	
43		把轮胎上面胎缘内侧放在轮胎拆装头上	2	操作不当扣2分	
44		左脚踩下踏板，把轮胎这一面装进轮辋内	2	操作不当扣2分	
45		移开轮胎拆装头摆臂	2	操作不当扣2分	
46	七、轮胎的充气	用气枪对轮胎进行充气	2	操作不当扣2分	
47		取下气枪	1	操作不当扣1分	
48		把气门芯装入气门嘴中	2	操作不当扣2分	
49		再次充气	2	操作不当扣2分	
50		检查是否漏气	2	操作不当扣2分	
51		装上轮胎气门嘴防尘帽	2	操作不当扣2分	
52		取下车轮	2	操作不当扣2分	
53	八、参照车轮动平衡操作（项目10第三步）				
54	九、安装汽车车轮	车轮临时安装	1	操作不当扣1分	
55		降下车辆	1	操作不当扣1分	
56		拧紧车轮固定螺母	2	操作不当扣2分	
57		拆除三件套	1	操作不当扣1分	
58		撤除垫块	1	操作不当扣1分	
59		清洁整理	2	操作不当扣2分	
		总分	100	实际得分	

六 知识拓展

1 轮胎的作用

轮胎具有四大作用：承受载荷；产生驱动力与制动力；缓冲和吸振；改变汽车行驶方向。有了这些作用，汽车才能在凹凸不平的路面上安全、自由、迅速、舒适的行驶，因此，轮胎在整个汽车零部件中才显得特别的重要。换句话说，人和车的安全完全是依赖轮胎好坏而定。

2 轮胎的正确使用和维护

（1）保持正常的内压。空气是轮胎的粮食，汽车可以说是在空气上行驶，因此，适当的内压就是汽车的生命。内压过高，好比高血压者；内压不足好比营养不良，两者均会缩短使用寿命。

（2）定期更换轮胎的安装位置。其目的是使每一条轮胎都能均衡的磨损，从而延长使用寿命。

（3）按规定载质量装载，轮胎超载，同样会发生与空气压力不足时相同的损伤。载质量时，还应保持每个轮胎的承载量基本相同。

（4）不使用生锈、变形或焊接过的轮辋。

（5）行驶过程中避免急加速、紧急制动和急转向。

（6）不要在同轴上混装规格不同和不同质量的轮胎。

（7）使用与轮胎和轮辋配套的气门嘴，并保证气门嘴帽经常盖着，以免泥沙进入。

3 轮胎规格表示方法

一般采用 ISO 国际质量认证表示方法，如下图所示。

195 = 横截面宽度 195（mm）。

65 = 高宽比 65。

R = 子午线轮胎（Radial）。

15 = 轮胎内径 15（in）。

91 = 单胎最大承重指数（91 表示 615kg）。

V = 轮胎速度级（V 级表示 240km/h）。

注：高宽比，轮胎的高度和宽度之比，轮胎越扁性能越好，造价越高，如下图所示。

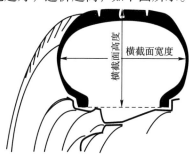

轮胎"高宽比"

项目 10 车轮动平衡的检查与调整

一 学习目标

（1）了解动平衡机的种类和工作原理；
（2）熟悉平衡块的种类和作用；
（3）掌握车轮动平衡的检测和调整技能；
（4）培养学生团队合作的能力。

二 情景导入

在行车过程中发现车辆高速行驶时，转向盘抖动或是车轮出现某种有节奏的异响时，就有可能是车轮该做动平衡了，尤其是当更换轮胎、轮辋或是补过轮胎之后，车轮受过大的撞击，由于颠簸导致平衡块丢失等都应该对车轮做动平衡。别小看了车轮动平衡，也别小瞧了那一块块不起眼的小铅块，如果车轮动平衡不好会造成轮胎的异常磨损，也会影响车辆的稳定，特别是前轮，振动会通过转向系统传到转向盘，不但影响驾驶员朋友的驾驶，严重的还会导致转向系统的松旷及交通事故。

三 知识链接

在车辆出厂装配时，都会做动平衡测试，目的是为了让车轮在高速行驶时能更加平稳。什么是动平衡？又该怎样做呢？

汽车的车轮是由轮胎、轮辋、轮毂组成的一个整体（下图）。但由于制造上的原因，使这个整体各部分的质量分布不可能非常均匀。当汽车车轮高速旋转起来后，就会形成动不平衡状态，造成车辆在行驶中车轮抖动、转向盘振动的现象。为了避免这种现象或是消除已经发生的这种现象，就要使车轮在动态情况下通过增加配重的方法，使车轮校正各边缘部分的平衡。这个校正的过程就是我们常说的动平衡。

另外由于有轮胎气门嘴的存在，会使产生轮胎重心不在轮胎的圆心上，而微微偏向一侧，车辆在行驶中，轮胎的转速很高，在高速转动中轮胎就像一个偏心轮，会产生很强的垂直轴向的振动，对舒适性和安全性都有很大的影响，做轮胎动平衡，就是找到轮胎的重心偏离位置，然后在其对应的位置加上配重铅块，使轮胎的重心回到轮胎的圆心，也就是车轴的位置。

我们如果对车轮进行观察，会发现在汽车车轮的轮辋边缘上，有一块或多块大小不等的小铅块。这些小铅块有的会贴在轮辋内侧，有的会卡在

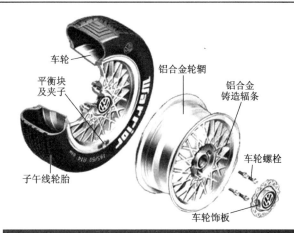

车轮结构图

轮辋外侧。与各式各样漂亮的轮辋相比，这些个小铅块好像有些不太相衬。但正是这个小小的铅块，对汽车高速行驶的稳定性起着非常重要的作用。

车轮应当定期做动平衡检查，检查用到的仪器一般为动平衡检测仪。车轮平衡分为动态平衡和静态平衡两种。动态不平衡会使车轮摇摆，令轮胎产生波浪形磨损；静态不平衡会产生颠簸和跳动现象，往往使轮胎产生平斑现象。因此，定期检测平衡不但能延长轮胎寿命，还能提高汽车行驶时的稳定性，避免在高速行驶时因轮胎摆动、跳动，失去控制而造成的交通事故。

四 项目实施

（一）技术标准与要求

（1）车轮动平衡经检测后，每侧的不平衡量应小于5g，在动平衡机的显示面板上应显示的检测结果是00（车轮动不平衡量应符合规定要求）。

（2）避免主轴或平衡机本体强烈的振动。

（3）避免重物敲击平衡机的任何部件，并不允许对轮辋进行敲击。

（二）实训时间

实训时间为20min。

（三）实训器材

21mm 套筒

风动扳手

扭力扳手

车轮动平衡机

轮胎花纹深度尺

一字螺丝刀

普通抹布

轮胎气压表

短接杆

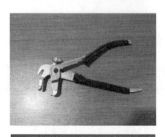
平衡块拆装钳

轮辋宽度尺

平衡块

(四)教学组织

1 教学组织形式

每辆车可安排8名学生参与实训,两人为一组。

2 学生站位分工和要求

一组两名学生参与实训,按照1号、2号进行编号,1号学生为主,2号学生为辅;其他学生在旁边观察。

3 实训教师职责

(1) 讲解操作任务的作业流程、操作步骤、技术规范和注意事项。

(2) 组织、学生进行操作。

(3) 在实训中进行巡视检查、指导和纠正学生的错误。

4 学生职责变换

4组学生实行职责轮流变换制度:第一次一组进行操作,二组进行指导,三组进行观察,四组进行评分。然后进行依次循环,循环结束后组内1号学生与2号学生转换位置,进行再次循环。

(五)操作步骤

🌲 第一步 拆下汽车车轮

 安装三件套。

提示:

(1) 学生从工具车上拿来三件套和车钥匙,然后打开车门,按照地板垫、转向盘套、座椅套的顺序依次进行安装。

(2) 在安装转向盘套、座椅套的时候要轻,不要太用力,以防止其破损。

(3) 并确认驻车制动器操纵杆是否松动和挡位是否在N挡。

 安装举升垫块。

提示:

确认垫块在车辆下方的正确位置,防止出现偏差,确保举升车辆时的安全。

 举升车辆。

提示:

(1) 将车辆举升到离地,检查车辆是否安全,然后再次检查垫块,同时拆除挡块。

(2) 再次举升车辆,将车辆举到规定的高度,以便进行操作。同时检查举升机锁止是否到位。

(3) 在每次举升或下降过程中都需要检查车辆周围是否有障碍物。

项目 10 车轮动平衡的检查与调整

4 拆卸车轮。

提示：

（1）先将气管连接到风动扳手上，同时检查气管连接情况是否良好。

（2）先将旋向调到 R 位置，再调整旋钮置于 1 挡，风动扳手转动，检查旋转方向，然后将调整旋钮置于 5 挡。

（3）先用风动扳手按对角线顺序旋松轮胎螺母；并旋出。

▲ 第二步　检查车轮外观

1 清洁胎面。

提示：

先要清除黏附的脏东西，可以用普通抹布清洁，如果不能清除干净，可事先用高压水枪冲洗；然后用一字螺丝刀剔除轮胎花纹中所嵌入的东西。

2 清洁轮辋表面。

提示：

用普通抹布清洁轮辋两侧。

3 检查轮辋。

提示：

目测轮辋表面是否损伤、变形。

4 测量轮胎花纹深度。

提示：

选取轮胎表面的几个点，用轮胎花纹深度尺测量轮胎花纹深度。

检查胎面完好程度。

提示：

转动轮胎，检查胎面磨损是否逾限；察看胎侧是否有损伤。

 测量气压。

提示：

把轮胎气压表接上气管，测量轮胎气压，按照该型汽车轮胎气压标准进行比对，过高要释放过多气体，不足要继续充气，直至达到标准气压。

 拆卸平衡块。

提示：

用平衡块拆装钳拆除轮辋上的平衡块，拆卸时避免刮花轮辋表面。

🌲 第三步　车轮动平衡检测

 取下轮辋中心装饰块。

提示：

取下轮辋中心装饰块，应用螺丝刀的手柄从里向外敲，取出时防止损伤装饰块表面和轮辋表面。

 选择和安装锥形套。

提示：

（1）安装前选择合适大小的锥形套，一般以刚能堵住轮辋孔为好。

（2）安装时,应把锥形套的小端朝外,大端靠内。

在动平衡机上安装车轮。

提示：

（1）在把车轮装上动平衡机的过程中，要避免轮辋中心孔与动平衡机的转动轴碰撞。

（2）动平衡机的转动轴要定期润滑。

 固定好车轮。

提示：

用快锁螺母把轮胎固定在动平衡机转动轴上，注意一定要锁紧，防止车轮在旋转中松动。

 打开轮胎动平衡机电源。

提示：

电源开关在动平衡机的背面。

 输入轮辋形状。

提示：

根据轮辋形状，在操作面板上选择合适的轮辋。

 测量轮胎边距。

提示：

（1）拉出测量尺，读出具体数据，并输入到动平衡机。

（2）应注意测量时，读取数据的准确性。

 测量车轮轮辋宽度。

提示：

（1）用轮辋宽度尺，读出具体数据，并输入到动平衡机。

（2）应注意测量时，读取数据的准确性。

输入轮辋直径。

提示:

查看标注在轮胎胎侧的轮辋直径,并输入到动平衡机(如查到205/55 R15,输入的是15)。

 确认安全后,放下轮罩或按下启动开关,让轮胎在动平衡机上转动。

提示:

(1)车轮运转时,要确保安全。及时整理动平衡机工作台上的工量具,防止影响车轮转动。

(2)不要触及运转中的轮胎。

 查看数据。

提示:

当车轮停止转动后,查看所测车轮两侧的动不平衡量数据。

 确定不平衡点。

提示:

转动车轮到达外侧的不平衡点,此时该不平衡点指示灯亮,并用手扶住车轮,固定,不让车轮转动。

13 安装外侧平衡块。

提示:

(1)在车轮轮辋外侧12点位置,根据轮辋的构造、材质和屏幕显示的不平衡量,去选择合适形状(夹式或粘贴式)和质量的平衡块,并进行安装。

(2)粘贴式平衡块,安装前要注意清洁安装处轮辋表面。

安装内侧平衡块。

提示：

用上述的同样方法，安装内侧平衡块。

 轮胎动平衡的复测。

提示：

（1）重新进行动平衡测试，确认安全后，按下启动开关，让轮胎在动平衡机上转动。

（2）测试结束后，如仍存在不平衡，应去掉已安装的平衡块重新测试和安装平衡块，直至显示不平衡量为零。

第四步　取下车轮

 松开快锁螺母（大螺距螺母），并取下。

提示：

（1）先要拧松，然后利用快锁螺母特性，取下螺母。

（2）同时要扶住车轮。

 取下车轮。

提示：

（1）应注意轮辋中心孔不要与动平衡机的转轴发生刮擦。

（2）防止刮花铝制轮辋表面。

（3）装复轮辋中心孔的装饰块。

3 取下轮辋中心的锥形套，将其放到原来的位置。

4 关闭电源，并清理现场。

第五步　安装汽车车轮

 车轮临时安装。

提示：

（1）从轮胎架上搬起车轮，将安装孔对正车轮螺栓，装到车上。

（2）先安装最上面的车轮螺母，然后按对角线顺序旋入其余4个车轮螺母。

（3）风动扳手试好旋转方向和挡位，并检查好连接情况，然后按照对角线顺序进行紧固。

 降下车辆。

提示：

检查车辆周围是否有障碍物。并操作举升机控制台，将车辆下降到地面。

 拧紧车轮固定螺母。

提示：

紧固时要注意扭力扳手的套筒不能碰到轮辋，用力方向为朝向自己身体拉且不能用力过猛，以防伤手。

 拆除三件套。

提示：

先用干净的抹布擦拭。然后取下转向盘套、座椅套及脚垫。

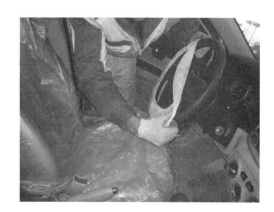

 拆除垫块。

车轮动平衡的检查与调整 项目 10

6 整理设备和工具并将其擦拭干净。

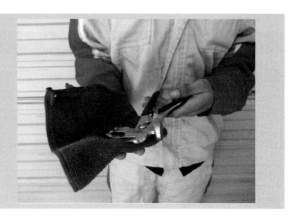

五 考核标准

考 核 标 准 表

序号	操作步骤	考 核 项 目	满分	评分标准	得分
1	一、拆下汽车车轮	安装三件套	2	操作不当扣2分	
2		安装车轮垫块	2	操作不当扣2分	
3		车辆举升	2	操作不当扣2分	
4		拆卸车轮	2	操作不当扣2分	
5	二、检查车轮外观	清洁胎面	2	操作不当扣2分	
6		清洁轮辋表面	2	操作不到位扣2分	
7		检查轮辋	2	操作不当扣2分	
8		测量轮胎花纹深度	2	操作不当扣2分	
9		检查胎面完好程度	2	操作不当扣2分	
10		测量气压	2	操作不当扣2分	
11		拆卸平衡块	2	操作不当扣2分	
12	三、车轮动平衡的检测	取下轮辋中心装饰块	2	操作不当扣2分	
13		安装锥形套	2	操作不到位扣2分	
14		在动平衡机上安装车轮	2	操作不当扣2分	
15		用快锁螺母把轮胎固定在动平衡机轴上	2	操作不当扣2分	
16		打开轮胎动平衡机电源	2	操作不当扣2分	
17		输入轮辋形状	3	操作不当扣3分	
18		测量轮胎边距	3	操作不到位扣3分	
19		测量车轮轮辋宽度	3	操作不当扣3分	
20		查看轮胎侧的轮辋直径	3	操作不当扣3分	
21		让轮胎在动平衡机上转动	3	操作不当扣3分	
22		查看所测车轮两侧的动不平衡量数据	3	操作不当扣3分	
23		转动车轮到达外侧的不平衡点	4	操作不当扣4分	
24		安装合适形状（夹式或粘贴式）和质量的平衡块	4	操作不当扣4分	
25		用同样的上述方法，安装内侧平衡块	10	操作不当每次扣2分	
26		轮胎动平衡的复测	10	操作不当每次扣2分	
27	四、取下车轮	松开快锁螺母（大螺距螺母），并取下	2	操作不当扣2分	
28		从动平衡机上取下车轮，并安装饰块	2	操作不当扣2分	
29		取下轮辋中心的锥形套	2	操作不当扣2分	
30		关闭电源，并清理现场	2	未报告扣2分	
31		安装轮辋中心装饰块	2	操作不当扣2分	

149

续上表

序号	操作步骤	考核项目	满分	评分标准	得分
32	五、安装汽车车轮	车轮临时安装	2	操作不到位扣2分	
33		降下车辆	2	操作不当扣2分	
34		拧紧车轮固定螺母	2	操作不当扣2分	
35		拆除三件套	2	操作不当扣2分	
36		拆除垫块	2	操作不当扣2分	
37		清洁整理	2	操作不当扣2分	
		总分	100	实际得分	

六 知识拓展

轮胎的分类有很多种，这里仅根据胎体帘布层帘线的排列不同，将轮胎划分为斜交轮胎和子午线轮胎（下图）。斜交轮胎的胎体是斜线交叉的帘布层；而子午线轮胎的胎体是聚合物多层交叉材质，其顶层是数层由钢丝编成的钢带帘布，可减少轮胎被异物刺破的概率。

斜交轮胎的帘线按斜线交叉排列，故而得名。其特点是胎面和胎侧的强度大，但胎侧刚度较大，舒适性差，由于高速时帘布层间移动与摩擦大，并不适合高速行驶。随着子午线轮胎的不断改进，斜交轮胎将基本上被淘汰。

子午线轮胎是胎体帘线按子午线方向排列，是帘线周向排列或接近周向排列的缓冲层紧紧箍在胎体上的一种新型轮胎。子午线轮胎由胎面、胎体、胎侧、缓冲层（或带束层）、胎圈、内衬层（或气密层）六个主要部分组成。按照胎体和带束层所用帘线材料不同，子午线轮胎可分为三种：全钢丝子午线轮胎、半钢丝子午线轮胎和全纤维子午线轮胎。

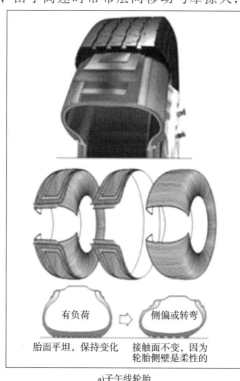

a)子午线轮胎

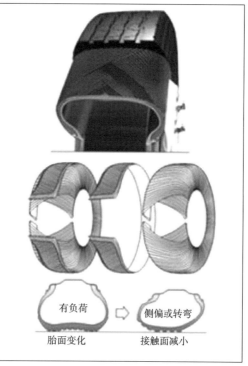

a)斜交轮胎

轮胎的结构形式

子午线轮胎的帘线排列方向与轮胎子午断面一致，其帘布层相当于轮胎的基本骨架。由于行驶时轮胎要承受较大的切向作用力，为保证帘线的稳固，在其外部又有若干层由高强度、不易拉伸的材料制成的带束层（又称箍紧层），其帘线方向与子午断面呈较大的交角。子午线轮胎与斜交轮胎相比，弹性大，耐磨性好，滚动阻力小，附着性能好，缓冲性能好，承载能力大，不易刺穿；缺点是胎侧易裂口，由于侧向变形大，导致汽车侧向稳定性稍差，制造技术要求高，成本较高。

项目11 前悬架的检查与更换

一 学习目标

（1）了解汽车悬架系统的组成和功用；
（2）了解减振器的结构和工作原理；
（3）熟悉前减振器的组成和功用；
（4）掌握前减振器检查与更换方法。

二 情景导入

在某一天出车前发现汽车前轴一侧的车身高度比原来要低一些，使前轴两侧高度不一致；继续检查并未发现有轮胎气压不足。驾车行驶中方向跑偏、底盘传出异响声，而且乘坐舒适性变差。

三 知识链接

1 悬架的功用

悬架是车架（或车身）与车桥（或车轮）之间一切传力连接装置的总称。悬架具有如下功用：

（1）连接车架（或车身）和车轮，把路面作用到车轮的各种力传给车架（或车身）。
（2）缓和冲击、衰减振动，使乘坐舒适，具有良好的平顺性。
（3）保证汽车具有良好的操纵稳定性。

2 悬架的分类

根据汽车悬架结构的不同，通常将悬架分为独立悬架和非独立悬架两大类。

1）独立悬架

独立悬架如下图b）所示，其结构特点是车架与每一侧车轮之间的悬架连接是独立的。它的车桥为断开式，当一侧车轮上下跳动时，不会影响到另一侧车轮位置的变化。这种悬架乘坐舒适性和操纵稳定性都较好，且具有降低汽车重心、减小汽车造型受约束的效果。

2）非独立悬架

非独立悬架如下图a）所示，其结构特点是两侧的车轮安装在一根整体式车桥两端，车桥则通过悬架与车架相连。当一侧车轮发生位置变化后会导致另一侧车轮的位置也发生变化。

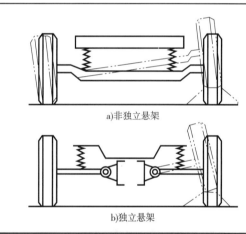

悬架

3 悬架的组成

现代汽车的悬架有各种不同的结构形式，但一般都是由弹性元件、减振器和导向机构三部分组成，如下图所示。它们分别起着缓冲、减振、导向和传递力及力矩的作用。

悬架的组成

汽车长期使用过程中，减振器会产生衬套磨损、漏油、阻尼力下降现象，导致汽车行驶颠簸振动、方向跑偏、异响、轮胎异常磨损及转向侧倾严重等故障发生。为确保汽车具有正常的缓冲减振性能及操控性能，并减缓其他零件的磨损和损伤，应定期检查并及时更换减振器。

四 项目实施

（一）技术标准与要求

（1）掌握悬架螺旋弹簧压缩工具的使用。
（2）检查时发现减振器轻微渗油时，可以继续使用。若漏油严重，须更换新件。
（3）用手拉动减振器活塞杆时，应有较大阻力且阻力均匀无空行程，向上比向下的阻力要大一些。
（4）检查前减振器悬架轴承，应能灵活转动且无松旷感。
（5）检查减振器螺旋弹簧，应无损坏或变形，弹簧自由长度正常。
（6）自锁螺母仅作一次性使用，拆卸后更换新件。
（7）相关螺栓（螺母）紧固力矩为：以丰田卡罗拉为实训车辆，前支架至前减振器螺母紧固力矩为47N·m；前稳定杆连杆至带螺旋弹簧的前减振器螺母紧固力矩为74N·m；带螺旋弹簧的前减振器上部螺母紧固力矩为50N·m；带螺旋弹簧的前减振器（下部）安装至转向节螺母紧固力矩为240N·m。

（二）实训时间

实训时间为40min。

（三）实训器材

弹簧压缩工具

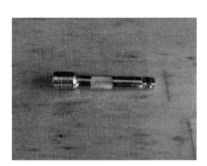

短接杆

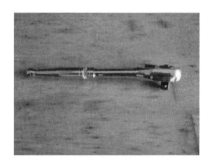

棘轮扳手

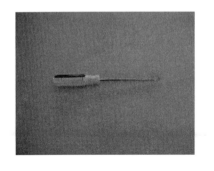

一字螺丝刀

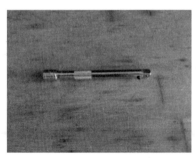

长接杆

大小口连接器

前悬架的检查与更换 项目 11

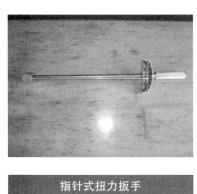
指针式扭力扳手

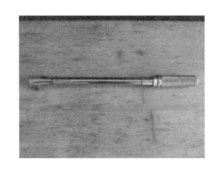
数字式扭力扳手

风动扳手

10mm 套筒

14mm 套筒

17mm 套筒

19mm 套筒

22mm 套筒

内六角扳手

垫块

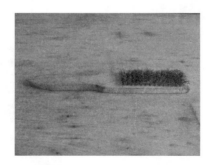
钢丝刷

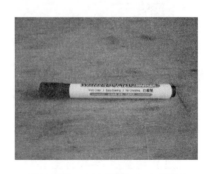
记号笔

（四）教学组织

1 教学组织形式

每辆车可安排8名学生参与实训，两人为一组。

2 学生站位分工和要求

一组两名学生参与实训，按照1号、2号进行编号，1号学生为主，2号学生为辅；其他学生在旁边观察。

3 实训教师职责

（1）讲解操作任务的作业流程、操作步骤、技术规范和注意事项。

（2）组织学生进行操作。

（3）在实训中进行巡视检查、指导和纠正学生的错误。

4 学生职责变换

4组学生实行职责轮流变换制度：第一次一组进行操作，二组进行指导，三组进行观察，四组进行评分。然后进行依次循环，循环结束后组内1号学生与2号学生转换位置，进行再次循环。

（五）操作步骤

第一步 准备工作

清洁工作场地，准备工具。

提示：

（1）车辆进入工位前，应将工位卫生清理干净，并准备好相关的工具、物品等。

（2）培养良好的工作习惯，做好事前准备，有利于安全操作和提高工作效率。

1号安装转向盘套、座椅套、地板垫。

提示：

（1）安装三件套的主要目的是保护操作中能接触到的表面，保持车内清洁。

（2）保护罩是由薄塑料制成的，极易破损。在安装时，要用力均匀，防止因用力过大造成损坏。

（3）车辆进入工位，须由教师完成；并拉紧驻车制动器操纵杆并将变速器挡位置于P挡位。

2号学生在车轮的前后行驶方向上，塞上车轮挡块。

提示：

防止车辆前后移动，消除安全隐患。

进入车内,插入钥匙,置于 ON 位置。

提示:

不需起动发动机。

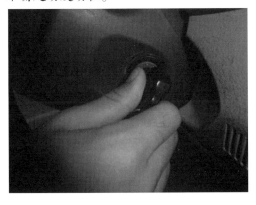

 将变速杆挡位挂入空挡,松开驻车制动器操纵杆,然后关闭点火开关。

提示:

操作者须在踩住制动踏板的情况下,将变速杆挡位挂入空挡。否则不能移动挡位杆。

 拉起发动机舱盖支撑杆,打开并可靠支撑机舱盖。

提示:

将支撑杆插入发动机舱盖支撑孔时,要保证接触可靠,否则,发动机舱盖滑落会造成人身伤害。

 安装翼子板布、前格栅布。

提示:

(1) 安装车外三件套的目的是防止操作中碰到翼子板车漆,保护车漆。

(2) 安装护裙时,要控制护裙与翼子板的距离,当快接近时,松开护裙,使护裙轻轻地与翼子板吸合,不允许听到磁铁接触碰撞声。

第二步 附件的拆卸

 拆卸前刮水臂端盖。

提示:

拆下 2 个前刮水臂盖。可以用螺丝刀撬下,不能用太大的力,防止损坏端盖表面。

拆卸左侧风窗玻璃刮水臂和刮水片总成。

提示:

(1) 需先在螺栓与刮水臂之间做好标记,便于以后安装。

(2) 拆下螺母及左前刮水臂和刮水片总成。

 拆卸右侧风窗玻璃刮水臂和刮水片总成。

提示:

(1) 需先在螺栓与刮水臂之间做好标记,便于以后安装。

(2) 拆下螺母及右前刮水臂和刮水片总成。

 拆卸发动机舱盖至前围上板密封条。

提示:

需脱开7个卡子并拆下发动机舱盖至前围上板密封条。

 拆卸右前围板上通风栅板。

提示:

脱开卡子和14个卡爪,并拆下右前围板上通风栅板。

 拆卸左前围板上通风栅板。

提示:

脱开卡子和8个卡爪,并拆下左前围板上通风栅板。

 断开刮水器电动机插接器。

提示:

断开之前应解除锁扣,然后拉开,注意不能拉着线束断开插接器,防止拉断线束。

8 拆卸2个螺栓和风窗玻璃刮水器电动机及连杆。

9 拆卸前围上外板。

（1）脱开卡夹，并弯曲右侧防水片。
（2）脱开线束卡夹。
（3）拆下10个螺栓和前围上外板。
（4）取下前围上外板时，防止碰到其他物品。

10 安装举升垫块。

两名学生在每一侧举升机的前后两端放上海绵垫。确保海绵垫在车辆的正下方。

11 举升车辆。

（1）学生在两侧检查海绵垫是否在车辆的正下方。
（2）举升过程中不允许车辆有左右倾斜和前后高低，如有要先校正举升托板左右高度一致。
（3）举升到适宜拆卸车轮的高度，并可靠锁止举升机。

12 拆卸前轮。

（1）先将气管连接到风动扳手上，同时检查气管连接情况是否良好。
（2）先将旋向调到R位置，再调整旋钮置于1挡，风动扳手转动，检查旋转方向，然后将调整旋钮置于5挡。
（3）先用风动扳手按对角线顺序旋松轮胎螺母，并旋出。
（4）将前轮拆下，并放置好。

拆卸前悬架支座防尘罩。

提示：

（1）先要操控举升机降下车辆。便于拆卸前悬架支座防尘罩。

（2）在拆卸中防止螺丝刀划伤旁边附件。

 分离前稳定杆连杆总成。

提示：

（1）需从带螺旋弹簧的前减振器上拆下螺母并分离稳定杆连杆总成。

（2）如果球节随螺母一起转动，则使用内六角扳手（6mm）固定双头螺柱。从带螺旋弹簧的前减振器上拆下螺母并分离稳定杆连杆总成。如下图所示，右手固定不动，左手转动扳手。

 分离前轮转速传感器。

提示：

（1）需拆下螺栓和卡夹，并分离前轮转速传感器。

（2）确保将前轮转速传感器从带螺旋弹簧的前减振器上完全分离。

（3）注意对前轮转速传感器线束的保护。

 拆下螺栓并分离前挠性软管。

提示：

拆下螺栓并分离前挠性软管。注意不能用力拉扯，防止软管破损或破裂。

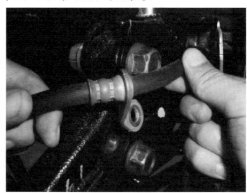

 松开前减振器的前支架至前减振器螺母。

提示：

（1）不要拆下前支架至前减振器螺母。

（2）当带螺旋弹簧的前减振器需要拆解时，仅松开螺母。

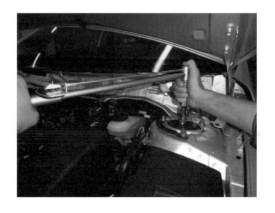

前悬架的检查与更换 项目11

 用垫块来支撑前桥。

提示:

在地面上应放垫块,防止前桥脱落。

 分离带螺旋弹簧的前减振器(下部)。

提示:

(1) 拆下与前桥连接的2个螺栓和2个螺母,并从转向节上分离带螺旋弹簧的前减振器(下部)。

(2) 应确保将前轮转速传感器从带螺旋弹簧的前减振器上完全分离。

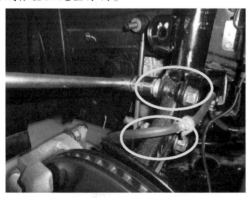

 分离带螺旋弹簧的前减振器(上部)。

提示:

拆下与车身相连的3个螺母和带螺旋弹簧的前减振器。

 从车上分离带螺旋弹簧的前减振器。

提示:

两名学生相互配合,一名学生在做上一步时,另一名学生在旁边一定要用双手扶住前减振器总成,防止其落地或刮碰其他部件。

🌲 第三步 前减振器的分解

1 把带螺旋弹簧的前减振器在减振器弹簧拆装机上固定。

提示:

(1) 先按弹簧的高度,调整好弹簧拆装机两个压爪的相对位置。

(2) 把带螺旋弹簧的前减振器放到减振器弹簧拆装机上后,再进一步调整压爪的位置,使前减振器在减振器弹簧拆装机上固定好。

159

压缩螺旋弹簧。

提示：

用弹簧拆装机压缩螺旋弹簧时，要注意是否会存在受力不均衡现象，产生倾斜，如有则要及时终止，并恢复到原来位置，重新在减振器弹簧拆装机上固定。

 拆卸前支架至前减振器螺母。

提示：

（1）压缩螺旋弹簧至前螺旋弹簧上座。
（2）用相应工具拆下前支架至前减振器螺母。

4 拆卸前悬架支座分总成。

5 拆卸前悬架支座防尘密封圈。

6 拆卸前螺旋弹簧上座。

7 拆卸前螺旋弹簧上隔振垫。

8 拆卸前螺旋弹簧缓冲块。

拆卸前螺旋弹簧。

提示:

转动减振器弹簧拆装机上扳手,使螺旋弹簧伸张,并恢复到螺旋弹簧的自由状态,撤掉螺旋弹簧上端两个压爪,取出螺旋弹簧。

 拆卸前螺旋弹簧下隔振垫,并取下减振器。

提示:

随后松开下端夹具,并取下弹簧拆装机上的减振器。

🌲 第四步 前减振器的检查

 检查前减振器。

提示:

(1) 压缩并伸长减振器杆4次或更多次。应无异常阻力或声音,且操作阻力正常。
(2) 如果有任何异常,换上新的前减振器。
(3) 检查减振器外壳无裂纹和损伤。

 检查螺旋弹簧。

提示:

(1) 检查螺旋弹簧两端的头部是否有磨损,有磨损说明悬架在工作中,螺旋弹簧在转动。
(2) 察看螺旋弹簧表面有无裂纹和损伤,并测量螺旋弹簧线径的大小是否发生了变化。
(3) 检查防尘密封圈是否破损。如有破损应更换。
(4) 检查前螺旋弹簧缓冲块、上下隔振垫是否失去弹性,如有应更换。

🌲 第五步 前减振器的组装

 安装前螺旋弹簧下隔振垫。

提示:

(1) 先把前减振器在减振器弹簧拆装机下端夹具固定。
(2) 安装前螺旋弹簧下隔振垫时,应确保前螺旋弹簧下隔振垫的定位销插入前减振器的孔中。

2 安装前螺旋弹簧缓冲块。

在活塞杆往下安装前螺旋弹簧缓冲块时,要拉住活塞杆不动,如发现活塞杆往下压缩,需用手把活塞杆从活塞筒中往上拉。

3 安装前螺旋弹簧。

(1) 确保前螺旋弹簧的底端定位于弹簧下座,两者能可靠接触。

(2) 确保油漆标记面朝下安装螺旋弹簧。

(3) 用减振器弹簧拆装机上端两个压爪压住弹簧,注意不能使弹簧倾斜,随后转动减振器弹簧拆装机扳手,压缩螺旋弹簧。

4 安装前螺旋弹簧上隔振垫。

安装前螺旋弹簧上隔振垫时,注意它上面的缺口要与弹簧上端对齐。

5 安装前螺旋弹簧上座。

要前螺旋弹簧上座与前螺旋弹簧上隔振垫完全对正。如不行,要用手调整活塞杆的位置。

6 安装前悬架支座防尘密封圈。

如安装前悬架支座防尘密封圈之前,发现活塞杆往下压缩,此时要用手抓住活塞杆的上端并往上拉。

前悬架的检查与更换 项目11

 安装前悬架支座分总成。

提示：

安装时，如发现活塞杆往下压缩，此时要用手抓住活塞杆的上端并往上拉。

 暂时拧紧前支座至前减振器螺母。

提示：

安装时，如发现活塞杆往下压缩，此时要用手抓住活塞杆的上端并往上拉。及时拧上前减振器螺母。

🌲 第六步　前支柱总成的安装

 将带螺旋弹簧的前减振器安装到车上。

提示：

（1）两名学生相互配合，下面一定要用双手扶住，防止其落地或刮碰其他部件。
（2）另一名学生准备好安装前减振器上端的3个螺母。

 用3个螺母安装带螺旋弹簧的前减振器（上部）。

提示：

学生把3个螺母安装后，并用扭力扳手按规定力矩拧紧。规定力矩：50N·m。

 将带螺旋弹簧的前减振器（下部）安装至转向节。

提示：

两名学生互相配合安装2个螺栓和2个螺母。并用扭力扳手按规定力矩拧紧。

规定力矩：240N·m。

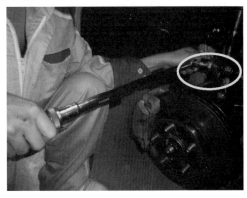

163

完全紧固前支架至前减振器螺母。

提示:

规定扭矩:47N·m。

 安装前挠性软管。

提示:

(1) 整理好前挠性软管,防止扭曲。
(2) 用螺栓将前挠性软管安装至转向节。该螺栓的紧固力矩:29N·m。

 安装前轮转速传感器。

提示:

(1) 先安装前挠性软管,然后安装转速传感器线束支架。
(2) 安装时不要扭曲前轮转速传感器的连接线束。
(3) 用螺栓和卡夹将前轮转速传感器和前挠性软管安装至前减振器。螺栓的紧固力矩:29N·m。

 安装前稳定杆连杆总成。

提示:

(1) 用螺母将前稳定杆连杆总成安装至带螺旋弹簧的前减振器。
紧固力矩:74N·m。
(2) 如果球节随螺母一起转动,则使用内六角扳手(6mm)固定双头螺柱进行安装。

8 安装前悬架支座防尘罩。

拆除垫块。

提示：

将垫块放置到指定位置。

 举升车辆。

提示：

（1）将车辆举升到离地，检查车辆是否安全，然后再次检查垫块，同时拆除挡块。

（2）举升车辆将车辆举到规定的的高度，以便进行操作。同时检查举升机锁止是否到位。

（3）在每次举升或下降过程中都需要检查车辆周围是否有障碍物。

 安装前轮。

提示：

（1）搬起车轮，将安装孔对正车轮螺栓，装到车上。

（2）先安装最上面的车轮螺母，然后按对角线顺序旋入其余4个车轮螺母。

（3）风动扳手试好旋转方向和挡位，并检查好连接情况，然后按照对角线顺序进行紧固。

 降下车辆。

提示：

检查车辆周围是否有障碍物。并操作举升机控制台，将车辆下降到地面。

 拧紧车轮固定螺母。

提示：

（1）紧固时要注意扭力扳手的套筒不能碰到轮辋，用力方向为朝向自己身体拉且不能用力过猛，以防伤手。

（2）车轮固定螺母紧固力矩：103N·m。

14 将变速杆挡位挂入P挡，拉紧驻车制动器操纵杆。

提示：

（1）进入车内打开点火开关，将变速杆挡位挂入P挡，拉紧驻车制动器操纵杆。

（2）关闭点火开关，并取出车钥匙。

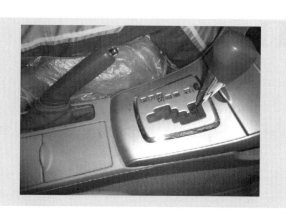

第七步　附件的安装

1 安装前围上外板。

提示：

（1）用10个螺栓安装前围上外板。力矩：8.8N·m。

（2）接合线束卡夹，必须到位。

（3）安装右侧防水片，须弯曲右侧防水片并接合卡夹。

2 安装风窗玻璃刮水器电动机及连杆。

提示：

（1）使用2个螺栓安装风窗玻璃刮水器电动机和连杆总成。力矩：5.5N·m。

（2）连接刮水器电动机插接器。

3 安装左前围板上通风栅板。

提示：

接合卡子和8个卡爪，并安装左前围板上通风栅板。

4 安装右前围板上通风栅板。

提示：

接合卡子和8个卡爪，并安装左前围板上通风栅板。

5 安装发动机舱盖至前围上板密封。

提示:

接合7个卡子并安装发动机舱盖至前围上板密封。

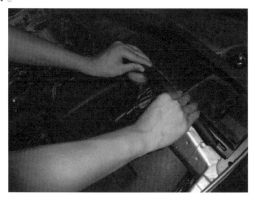

 6 清洁刮水臂齿面。

提示:

使用钢丝刷清洁刮水臂齿面。

 7 清洁刮水器枢轴齿面。

提示:

使用钢丝刷清洁刮水器枢轴齿面。

 8 安装左侧风窗玻璃刮水臂和刮水片总成。

提示:

（1）操作刮水器并在自动停止位置停止风窗玻璃刮水器电动机。

（2）在装入刮水臂之前，应放下发动机机舱盖。

（3）将刮水器总成的孔与转轴的记号（在拆卸之前做好的）对齐后，装入总成。

（4）装入紧固螺母安装右前刮水臂和刮水片，并按规定力矩拧紧。力矩为26N·m。

 9 安装右侧风窗玻璃刮水臂和刮水片总成。

提示:

按照左侧风窗玻璃刮水臂和刮水片总成的安装方法，进行安装。

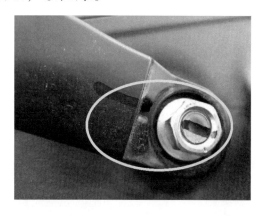

 10 安装前刮水臂端盖。

提示:

安装2个刮水臂端盖。

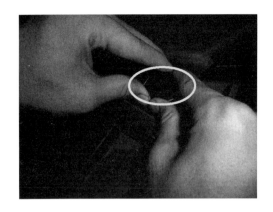

 11 检查并调整前轮定位。

提示:

此项目可参考汽车四轮定位项目。

🌲 第八步 整理工作

 拆除车外三件套。

提示:

取下后折叠,放入工具车内。

 关闭发动机舱盖。

提示:

(1) 放好支撑杆,并在发动机舱内固定好。

(2) 两手慢慢放下发动机舱盖,盖好发动机舱盖。使发动机舱盖可靠锁止。

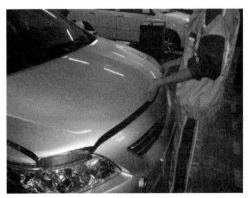

 拆卸车内三件套。

提示:

先用干净的抹布擦拭。然后取下转向盘套、座椅套及脚垫。

 取出举升垫块。

提示:

把取出的垫块和车轮挡块,放到规定的位置。

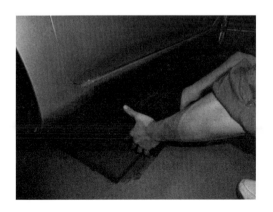

5 清洁车身。

6 清洁场地、整理工具。

提示：

（1）工具要清洁干净，整齐摆放在工具车上。
（2）对地面要进行专门的清理，保持地面整洁干净。

五 考核标准

考核标准表

序号	操作步骤	考 核 项 目	满分	评分标准	得分
1	一、准备工作	清洁工作场地，准备工具	1	操作不当扣1分	
2		1号学生安装转向盘套、座椅套、地板垫	1	操作不当扣1分	
3		2号学生在车轮的前后行驶方向上，塞上车轮挡块	1	操作不当扣1分	
4		进入车内，插入钥匙，置于ON位置	1	操作不当扣1分	
5		将变速杆挡位挂入空挡，松开驻车制动器操纵杆，关闭点火开关	2	操作不到位扣2分	
6		拉起发动机舱盖支撑杆，打开并可靠支撑发动机舱盖	1	操作不当扣1分	
7		安装翼子板布、前格栅布	1	操作不当扣1分	
8	二、附件的拆卸	拆卸前刮水臂端盖	1	操作不当扣1分	
9		拆卸左侧风窗玻璃刮水臂和刮水片总成	1	操作不当扣1分	
10		拆卸右侧风窗玻璃刮水臂和刮水片总成	1	操作不到位扣1分	
11		拆卸发动机舱盖至前围上板密封条	1	操作不当扣1分	
12		拆卸右前围板上通风栅板	1	操作不当扣1分	
13		拆卸左前围板上通风栅板	1	操作不到位扣1分	
14		断开刮水器电动机插接器	1	操作不当扣1分	
15		拆卸刮水器电动机及连杆	1	操作不当扣1分	
16		拆卸前围上外板	1	操作不当扣1分	
17		安装举升垫块	1	操作不当扣1分	
18		举升车辆	1	操作不到位扣1分	
19		拆卸前轮	1	操作不当扣1分	
20		拆卸前悬架支座防尘罩	1	操作不当扣1分	
21		分离前稳定杆连杆总成	1	操作不当扣1分	
22		分离前轮转速传感器	1	操作不当扣1分	

续上表

序号	操作步骤	考核项目	满分	评分标准	得分
23	二、附件的拆卸	拆下螺栓并分离前挠性软管	1	操作不当扣1分	
24		松开前减振器的前支架至前减振器螺母	1	操作不当扣1分	
25		用垫块支撑前桥	1	操作不到位扣1分	
26		分离带螺旋弹簧的前减振器（下部）	2	操作不当扣2分	
27		分离带螺旋弹簧的前减振器（上部）	2	操作不当扣2分	
28		从车上分离带螺旋弹簧的前减振器	1	操作不当扣1分	
29	三、前减振器的分解	把前减振器总成在减振器弹簧拆装机上固定	2	操作不当扣2分	
30		压缩螺旋弹簧	1	操作不当扣1分	
31		拆卸前支架至前减振器螺母	1	操作不当扣1分	
32		拆卸前悬架支座分总成	1	操作不当扣1分	
33		拆卸前悬架支座防尘密封圈	1	操作不当扣1分	
34		拆卸前螺旋弹簧上座	1	操作不到位扣1分	
35		拆卸前螺旋弹簧上隔振垫	1	操作不当扣1分	
36		拆卸前螺旋弹簧缓冲块	1	操作不当扣1分	
37		拆卸前螺旋弹簧	1	操作不当扣1分	
38		拆卸前螺旋弹簧下隔振垫，取下减振器	3	操作不当扣3分	
39	四、前减振器的检查	检查前减振器	3	检查不到位扣3分	
40		检查前螺旋弹簧	3	检查不到位扣3分	
41	五、前减振器的组装	安装前螺旋弹簧下隔振垫	1	操作不当扣1分	
42		安装前螺旋弹簧缓冲块	1	操作不当扣1分	
43		安装前螺旋弹簧	1	操作不当扣1分	
44		安装前螺旋弹簧上隔振垫	1	操作不当扣1分	
45		安装前螺旋弹簧上座	1	操作不当扣1分	
46		安装前悬架支座防尘密封圈	1	操作不当扣1分	
47		安装前悬架支座分总成	1	操作不当扣1分	
48		暂时拧紧前支座至前减振器螺母	1	操作不当扣1分	
49	六、前支柱总成的安装	将带螺旋弹簧的前减振器安装到车上	2	操作不当扣2分	
50		用3个螺母安装带螺旋弹簧的前减振器（上部）	2	操作不当扣2分	
51		将带螺旋弹簧的前减振器（下部）安装至转向节	2	操作不当扣2分	
52		完全紧固前支架至前减振器螺母	1	操作不到位扣1分	
53		安装前挠性软管	1	操作不当扣1分	
54		安装前轮转速传感器	1	操作不当扣1分	
55		安装前稳定杆连杆总成	1	操作不当扣1分	
56		安装前悬架支座防尘罩	1	操作不当扣1分	
57		取出垫块	1	操作不到位扣1分	
58		举升车辆	1	操作不当扣1分	
59		安装前轮	1	操作不当扣1分	
60		降下车辆	1	操作不当扣1分	
61		拧紧车轮固定螺母	1	操作不当扣1分	
62		将变速杆挡位挂入P挡，拉紧驻车制动器操纵杆	1	操作不到位扣1分	

续上表

序号	操作步骤	考核项目	满分	评分标准	得分
63	七、附件的安装	安装前围上外板	2	操作不当扣2分	
64		安装风窗玻璃刮水器电动机及连杆	3	操作不当扣3分	
65		安装左前围板上通风栅板	2	操作不当扣2分	
66		安装右前围板上通风栅板	2	操作不当扣2分	
67		安装发动机舱盖至前围上板密封	2	操作不到位扣2分	
68		清洁刮水器枢轴齿面	1	操作不当扣1分	
69		清洁刮水臂齿面	1	操作不当扣1分	
70		安装左侧风窗玻璃刮水臂和刮水片总成	2	操作不当扣2分	
71		安装右侧风窗玻璃刮水臂和刮水片总成	2	操作不当扣2分	
72		安装前刮水臂端盖	1	操作不当扣1分	
73		检查并调整前轮定位（此处不做）	0		
74	八、整理工作	拆除车外三件套	1	操作不当扣1分	
75		关闭发动机舱盖	1	操作不到位扣1分	
76		拆卸车内三件套	1	操作不当扣1分	
77		拆除举升垫块	1	操作不当扣1分	
78		清洁车身	1	操作不当扣1分	
79		清洁场地、整理工具	2	操作不当扣2分	
		总分	100	实际得分	

六 知识拓展

空气悬架从19世纪中期诞生以来，经历了一个世纪的发展，经历了"气动弹簧—空气悬架气囊复合式悬架→半主动空气悬架→中央充放气悬架（即ECAS电控空气悬架系统）"等多种变化形式。到20世纪50年代才被应用在载货汽车、大客车、小轿车及铁道汽车上。目前国外高级大客车几乎全部使用空气悬架，重型载货汽车使用空气悬架的比例已达80%以上，空气悬架在轻型汽车上的应用量也在迅速上升。部分轿车也逐渐安装使用空气悬架，如美国的林肯、德国的Benz300SE和Benz600等。在一些特种车辆（如对防振要求较高的仪表车、救护车、特种军用车及有特殊要求的集装箱运输车等）上，空气悬架的使用几乎为唯一选择。而我国仍处于起步阶段，空气悬架系统只应用在一些豪华客车和少部分重型货车和挂车上。

空气悬架工作原理就是用空气压缩机形成压缩空气，并将压缩空气送到弹簧和减振器的空气室中，以此来改变车辆的高度。在前轮和后轮的附近设有车高传感器，按车高传感器的输出信号，微机判断出车身高度的变化，再控制压缩机和排气阀，使弹簧压缩或伸长，从而起到减振的效果。空气悬架给予了汽车更多的灵性。当你在高速行驶时悬架可以变硬来提高车身的稳定性；而长时间在低速不平的路面行驶时，控制单元会使悬架变软来提高汽车的舒适性。

空气悬架较以往的普通悬架有着不可替代的优势，因此随着这种技术的普及与改进，必然会在以后的汽车工业中得到更广泛的应用。

项目12 制动液的检查与放气

一 学习目标

（1）了解制动系统的相关知识；
（2）熟悉制动液的流动路径；
（3）掌握制动液的类型、更换重要性、更换里程、安全环保等相关知识；
（4）学会制动液的检查；
（5）学会制动液的放气操作。

二 情景导入

一辆丰田卡罗拉轿车在行驶过程中踩制动踏板时，经常出现制动踏板绵软、踏板坚硬、制动效能低且时而出现制动踏板踩下去有噪声，经过检查确认在制动管中存在空气和制动液泄漏的情况。因此，需对制动液的进行检查，同时进行制动管路放空气。

三 知识链接

1 制动系统的结构组成

按照制动系统传动介质的不同可分为气压和液压两种方式，现在轿车上大多采用了液压制动系统，下面我们对液压制动系统的结构做简单介绍。

从制动系统的组成来看每个系统都是由行车制动系统和驻车制动系统组成，其中行车制动系统是由制动器和制动传动装置两部分组成。

行车制动器中前轮盘式制动器1和后轮盘式制动器6分别对车辆的前轮和后轮进行制动。而8为驻车制动器，当车辆驻停时进行制动。

制动传动装置由制动主缸、制动轮缸、制动踏板4、真空助力器3、储液罐2、制动压力调节器11、液压泵电动机12和制动管路13组成。

2 制动系统的工作原理

当汽车在行驶过程中需要制动时，如下图所示驾驶员踩下制动器踏板，通过制动助力装置的助力，使得制动主缸的活塞向前移动，将制动液从制动主缸中压出通过制动管路流向制动器执行器，然后再将制动液通过制动管路分别流向前轮和后轮，使前轮和后轮的制动轮缸内的活塞向外移动，从而压紧制动器摩擦块压紧制动盘，使汽车产生制动。在制动过程中刚刚开始时需要克服踏板的自由行程、管路中液体流动阻力、制动摩擦块与制动盘的间隙等，使得制动系统中液体的压力并不高，而随着制动踏板的逐渐踩下，液体的压力就会持续变高，从而使得制动力也逐渐增大，直到完全制动。

当制动解除的时候，驾驶员释放制动踏板，随着液体压力的下降，使制动轮缸中的活塞在复位弹簧的作用下复位，并将制动液通过制动管路回到制动主缸中，从而解除制动作用。

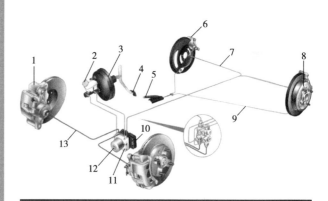

制动系统的结构组成

1-前轮制动器；2-储液罐；3-真空助力器；4-制动踏板；5-驻车制动杆；6-后轮制动器；7-后轮制动管路；8-驻车制动器；9-驻车制动拉索；10-ABS控制单元；11-制动压力调节阀；12-液压泵电动机；13-前轮制动管路

制动液的检查与放气 项目 12

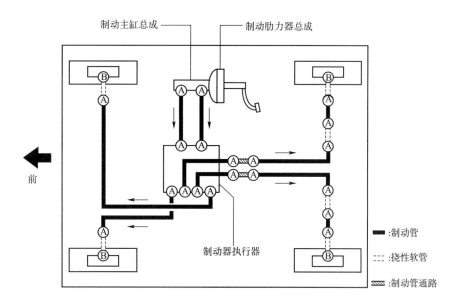

制动系统的工作原理

❸ 制动液的相关知识

1）制动液的作用及其分类

制动液是液压制动系统中的传递制动力的介质，是实现车辆制动的纽带。按其生产原料可分为三种类型的制动液，分别是醇型制动液、矿物油型制动液、合成型制动液，其中前两种制动液由于性能不是很好，目前已经很少使用，基本淘汰。现在用得最多的是合成型制动液，通常是以乙二醇、乙醚、水溶性聚酯、聚醚、硅油等为溶剂加入润滑剂和添加剂组成，其工作温度范围宽，黏温性好，对橡胶和金属的腐蚀作用均很小。

2）更换制动液的重要性

制动液具有吸水特性，表明制动液可以吸收空气中的湿气，从而出现沸点降低、污染及不同程度的氧化变质，长时间不更换会腐蚀制动系统，给行车带来隐患。此外当制动产生热量时，制动液沸腾，产生气泡（"气塞"）。当产生气泡时，它们吸收了施加在制动轮缸上的液压制动力，使得制动效能下降（下图）。

随着制动器摩擦块和制动衬片的磨损和制动液的泄漏还会导致制动液液位的下降。

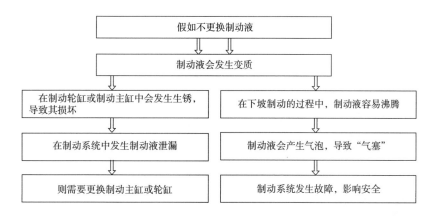

更换制动液的重要性

3）检查更换制动液间隔里程

检查间隔期：每10000km（6000mile）或6个月检查一次。

更换间隔期：每40000km（24000mile）或2年更换一次。

❹ 制动液安全环保注意事项

（1）制动液不可以混入水，水降低了制动液的沸点，并降低它的压缩性。

（2）不能混合不同级别的制动液进行使用，

173

其相互之间的化学反应会影响效能。

(3) 要防其他油液污染制动液,不然会导致橡胶零件的损坏或腐蚀。

(4) 要密封储存好制动液,制动液易挥发,必须盖好盖子。

(5) 不能让制动液接触车辆油漆表面,如果溅到,则立即用水进行清洗,防止损坏车辆的油漆表面。

(6) 维修制动系统时,应保持零件和维修场地的清洁,这一点非常重要。

(7) 由于制动管路是与安全相关的关键件,如果发现制动液泄漏,必须拆解并检查其零部件。如果发现异常,换上新的零部件。

(8) 多余的制动液必须进行回收处理,不能随意放置。

四 项目实施

(一) 技术标准与要求

(1) 制动液放气螺塞力矩:前放气螺塞为 8.3N·m,后放气螺塞为 10N·m。

(2) 车轮螺母紧固力矩:103N·m。

(3) 制动液液位要在低位 MIN 和高位 MAX 之间。

(4) 制动系统中不能能有泄漏。

(二) 实训时间

实训时间为 90min。

(三) 实训器材

三件套

翼子板与前格栅布

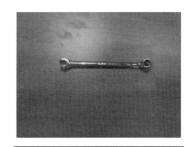

8mm 梅花扳手

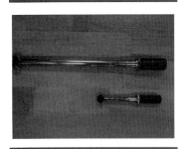

扭力扳手

8mm 套筒

风动扳手

制动液

此外,还需要放气工具、纱布等。

(四)教学组织

1 教学组织形式

单人操作安排每辆车 8 名学生实训,1 名学生操作,1 名学生指导,2 名学生评分考核,4 名学生观察;双人操作则可变为 2 名学生操作,2 名学生指导,4 名学生评分考核。

2 学生站位分工和要求

8 名学生分工和要求:1 名学生进行操作,1 名学生操作指导,2 名学生进行检查评分,4 名学生进行观察操作。

3 实训教师职责

(1)讲解操作项目的作业流程、操作步骤、技术规范和注意事项。

(2)组织、管理学生进行操作。

(3)在实训中进行检查、指导和纠正学生的错误。

4 学生职责变换

4 名学生进行职责轮流变换制度,第一遍 1 号学生操作,2 号学生操作指导,3 号、4 号学生进行检查评分,5~8 号学生进行观察;第二遍 5 号学生操作,6 号学生操作指导,7 号、8 号学生进行检查评分,1~4 号学生进行观察;这样依次进行循环。

(五)操作步骤

🌲 第一步 前期准备

 安装三件套。学员从工具车上拿来三件套和车钥匙,然后打开车门,按照地板垫、转向盘套、座椅套的顺序依次进行安装。

提示:

安装转向盘套时不要太用力,以防止其破损。

 拉起发动机舱盖支撑杆。

1)学员站在驾驶室侧,然后用左手拉起该侧下部的发动机舱盖支撑杆即可。

提示:

当听到"嗒"一声时表示此时发动机舱盖已处于打开状态。

2)发动机打开状态的时候,发动机舱盖会弹起。

提示:

如果没有弹起,则可以从灯罩侧进行打开,或调整发动机舱盖高度。

变速杆挂入P挡并拉起驻车制动器操纵杆。检查变速杆位置是否在P挡，如不是则将变速杆手柄推入P挡。然后再将驻车制动器操纵杆拉起。

提示：

保证车辆停放，同时便于下面操作。

 安装车轮挡块。

1）从工具车上取来两块车轮挡块，安装到左后车轮处。

提示：

要求挡块前后安装夹紧左后车轮，并且挡块要与轮胎侧面对齐。

2）从工具车上再取两块车轮挡块，安装到右后车轮处。

提示：

车轮挡块的安装是为了防止车辆出现移动。

 打开发动机舱盖。学员走到车辆正前方，左手抬起发动机舱盖，右手拉起锁扣，然后抬起发动机舱盖，再将发动机舱盖支撑杆支好。

提示：

当发动机舱盖支撑好后需要再次检查其牢固性。

 安装翼子板布和前格栅布。从工具车上取来翼子板布和前格栅布，按翼子板布、前格栅布、翼子板布的顺序从左到右依次进行安装。

提示：

（1）安装顺序也可根据其原始放置情况。

（2）在安装过程中一定要确保安装稳定，防止其掉落。

第二步　检查制动液

 检查制动液液位。右手放在制动液储液罐上，低下头观察其液位是否在低位 MIN 和高位 MAX 刻度线之间。如果不是说明液位不正常。

提示:

如果制动液液位低于 MIN 线，检查是否泄漏，并检查盘式制动器摩擦块。如有必要，维修或更换后重新向储液罐加注制动液。

 检查制动液是否泄漏。左手拿手电筒，右手去摸检查制动储液罐、制动主缸、制动管路处是否有制动液泄漏。

提示:

如有泄漏，先用干净的布擦干净，然后再进行检查进行确认。

第三步　制动液放气

 拆卸中间前围板上通风栅板。

1）轻轻滑动发动机舱盖至前围上密封并脱开卡子。

提示:

只要脱开左侧处即可。

2）脱开 5 个卡爪并拆下中间前围板上通风栅板，然后将其放到工具车上。

提示:

在拆下卡爪时要小心，防止损坏。

 加注制动液。

1）打开制动液储液罐盖，并将其放到工具车上。

提示:

如长时间不操作则必须马上盖上储液罐盖，防止杂物掉入。

2）取来一瓶新的制动液，将其打开，然后进行加注，加好后盖好储液罐盖。

 提示：

（1）确保储液罐中有足够的制动液以便于放气。

（2）在加注制动液时一定要加注规定型号的制动液。

3 车辆举升。

1）安装举升机垫块，每侧平板上各两块。

 提示：

垫块位置必须要放在车辆举升的规定位置，即前后凹槽处，同时要处于正中心。

2）将车辆举升到离地，检查车辆是否安全，然后再次检查垫块，同时取出挡块。如果此时车辆有任何晃动，则必须重新进行调整。

 提示：

在每次举升或下降过程中都需要检查车辆周围是否有障碍物。

3）再次举升车辆，将车辆举到规定的的高度，以便进行操作。

 提示：

此时车辆的举升高度为人的胸口位置，可根据人员身高的不同而相应变化。

4）检查举升机锁止是否到位，必须完全配合。

 提示：

防止车辆出现晃动，保证安全。

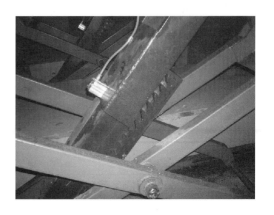

4 拆卸车轮。

1）从气管收集器中拉出气管，然后走到工具车处。

气管的拉出长度以最远端的车轮位置为标准。

2）将气管连接到风动扳手上。

在连接风动扳手的时候，先将气管与风动扳手接头对准，然后再用力顶进去。

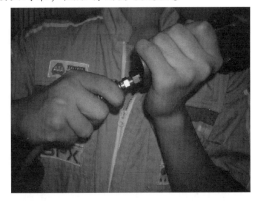

3）检查风动扳手的旋转方向和转速挡拉。

在运用风动工具的时候禁止戴手套。

4）按下按钮，风动扳手转动，确认旋转方向是否正常，同时检查气管连接情况是否良好。

此时风动扳手的转速不能太快，不然可能看不太清楚。

5）安装21mm风动套筒。

风动套筒必须为黑色铸铁套筒，不能用其他套筒替代。

6）先用风动扳手第一次预松车轮螺母，松的顺序为对角线，由于此车轮为5个螺母，即五角形顺序。

此次松动时,不能将螺母打出来,只要松动即可。

7）用风动扳手第二次将车轮螺母打出，松的顺序为对角线，由于此车轮为 5 个螺母，即五角形顺序。

此时由于车轮螺母比较多，可以分次将螺母放到工具车上。

8）从车上搬下车轮，不能碰到车身。

在搬下车轮时要注意双手只能放在外胎上，不能放在轮辋表面。

9）将车轮放到轮胎架上。
用同样的方法拆除其余三个车轮。

轮胎不能够落地。

5 制动管路放气。

1）一人在驾驶室内进行辅助操作，另外一人在车外进行放气，辅助人员可之前先进入车内。

（1）应首先对离制动主缸最远的车轮的制动管路进行放气。
（2）对制动系统进行放气的同时，添加制动液使储液罐的液面保持在 MIN 和 MAX 刻度线之间。

2）取下放气螺塞帽。

取下时要小心，防止其损坏，必须用手去操作。

3）操作人员先将 10mm 梅花扳手放到放气螺塞处，然后将塑料管连接至放气螺塞。

（1）以一个车轮为例进行放气操作。
（2）此塑料管的另一端为制动液回收装置。

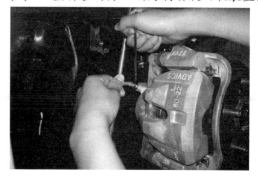

4)车内辅助人员踩制动踏板数次,然后再踩住制动踏板。

提示:

此时制动踏板踩住后,不能松动。

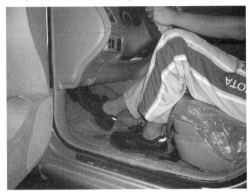

5)操作人员旋松放气螺塞,然后观察制动液的流出情况,直到制动液不再溢出时,然后再紧固放气螺塞。

提示:

此时要注意塑料管是否连接牢固,以防制动液泄漏。

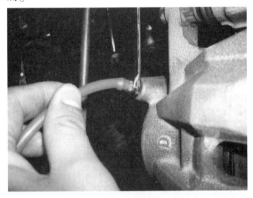

6)车内辅助人员松开制动踏板。

提示:

此处操作,两名操作人员可以喊口令进行配合。

7)重复进行4)~6)的操作步骤,直到制动液中的气体完全放出。

提示:

此时可观察制动液流出来在状态来进行判断是否完全放出空气。

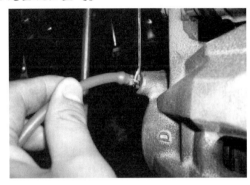

8)从气管连接器上取下塑料管,然后再将梅花扳手取出放到工具车上。

提示:

在拔出塑料管的时候要小心,以防制动液滴落。

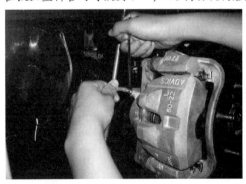

9)用扭力扳手完全紧固放气螺塞,先将扭力扳手调整到规定力矩,然后装上套筒。

提示:

标准力矩:前放气螺塞为8.3N·m,后放气螺塞为10N·m。

10）将扭力扳手装到放气螺塞处进行紧固。

此时须检查制动液的液位是否正常，如有不足则应立即加注。

11）从工具车上拿来放气螺塞帽，并将其装上。

安装时，用手轻轻压入即可。

12）用同样的方法对其余三个车轮进行放气。

（1）如果制动主缸重新安装过或储液罐变空，则对制动主缸进行放气。

（2）制动系统放气后，如果不能获得制动踏板的规定高度或触感，则用智能检测仪对制动器执行器总成进行放气。

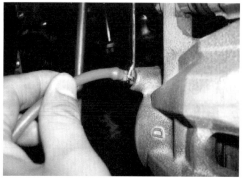

6 检查制动液是否泄漏。检查各个车轮制动管路和放气螺塞处是否有液体渗漏。

如有液体渗漏先用布擦干净，然后再进行检查进行确认。

7 车轮临时安装。

1）从轮胎架上搬上车轮，将车轮装到车上。

车轮安装时，要先对正，然后再轻轻放上去，防止与车身碰撞。

2）先用手按规定的顺序安装5个车轮螺母。

车轮螺母必须转动2圈左右，以防止螺母掉落。

3) 风动扳手试好旋转方向和挡位，并检查好连接情况，然后按照顺序进行紧固。

以同样的方法安装其余三个车轮。

 提示：

此处紧固时，风动扳手的挡位必须为最小，同时紧固过程中不能听到风动扳手的"咔嗒"声，以防紧固过度。

 紧固车轮。

1）取一把大于 103N·m 的扭力扳手，然后将其力矩调整到规定扭力。

 提示：

车轮螺母标准力矩：103N·m。

2）用扭力扳手按照规定的顺序紧固 4 个车轮螺母。

 提示：

紧固时要注意扭力扳手不能碰到轮辋，且用力方向为朝向自己身体拉。

 车辆下降。操作举升机控制台，将车辆下降到地面。

 提示：

在车辆下降过程中要注意车辆是否平稳。

 检查制动液液位。右手放在制动液储液罐上，低下头观察其液位是否在低位 MIN 和高位 MAX 刻度线之间。如果不是则说明液位不正常。

提示：

如果液位不足，则需进行加注。

安装中间前围板上通风栅板。

1）接合5个卡爪并安装中间前围板上通风栅板。

提示:

安装要轻,同时要观察是否有缝隙,不能上翘。

2）推动并接合发动机舱盖至前围上板密封卡子。

提示:

操作时同时检查其他的卡子是否松动。

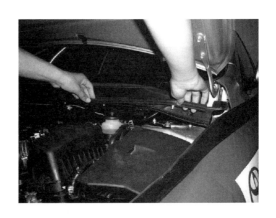

第四步 恢复清洁

 拆除翼子板布和前格栅布。按照翼子板布、前格栅布、翼子板布的顺序进行拆除,然后将其放到工具车上。

提示:

在拆除后折叠时要拿稳,防止掉落。

2）双手慢慢落下发动机舱盖,当快与车辆接触时双手离开,将发动机舱盖关闭。

提示:

在手离开时,可利用发动机舱盖本身重力将锁扣上。

 关闭发动机舱盖。

1）左手将发动机舱盖轻轻推起,右手将支撑杆握住并放回到原位。

提示:

此时要注意不同车型,其支撑杆位置可能不同。

制动液的检查与放气 项目12

 拆除三件套。学员打开车门，按座椅套、转向盘套、地板垫的顺序将三件套拆除，然后分类扔到回收筒和塑料筒中。

提示：

地板垫扔进回收筒，其他扔进塑料筒。

4 清洁整理。清洁车辆、地面以及所用工具和设备，然后再按其原始位置放好，做好7S工作。

五 考核标准

考 核 标 准 表

序号	操作步骤	考 核 项 目	满分	评分标准	得分
1	一、前期准备	安装三件套	3	操作不当扣3分	
2		拉起发动机舱盖支撑杆	2	操作不当扣2分	
3		变速杆挂入P挡并拉起驻车制动器操纵杆	2	操作不当扣2分	
4		安装车轮挡块	3	操作不当扣3分	
5		打开发动机舱盖	2	操作不当扣2分	
6		安装翼子板布和前格栅布	3	操作不当扣3分	
7	二、检查制动液	检查制动液液位	5	操作不当扣5分	
8		检查制动液是否泄漏	5	操作不当扣5分	
9	三、制动液放气	拆卸中间前围板上通风栅板	3	操作不当扣3分	
10		加注制动液	4	操作不当扣4分	
11		车辆举升	7	操作不当扣7分	
12		拆卸车轮	8	操作不当扣8分	
13		制动管路放气	15	操作不当扣15分	
14		检查制动液是否泄漏	3	操作不当扣3分	
15		车轮临时安装	6	操作不当扣6分	
16		车辆下降	5	操作不当扣5分	
17		紧固车轮	8	操作不当扣8分	
18		检查制动液位	3	操作不当扣3分	
19		安装中间前围板上通风栅板	3	操作不当扣3分	
20	四、恢复清洁	拆除翼子板布和前格栅布	2	操作不当扣2分	
21		关闭发动机舱盖	2	操作不当扣2分	
22		拆除三件套	2	操作不当扣2分	
23		清洁整理	4	操作不当扣4分	
	总分		100	实际得分	

六 知识拓展

制动液的类型与选用

制动液的类型有四个，FMVSS（联邦机动车辆安全标准）分类如下表所示。其主要以沸点为基础，也考虑其他因素。

沸点：也称为干点，是水的质量分数为 0 时的沸点。

湿沸点：也称为吸湿沸点，是水的质量分数为 3.5% 时的沸点。

我国现行的制动液标准 GB 12981—2003《机动车辆制动液》为强制性标准，共有 14 项技术指标要求，分别是外观、平衡回流沸点、湿平衡回流沸点、运动黏度、pH 值、液体稳定性、腐蚀性、低温流动性和外观、蒸发性能、溶水性、液体相容性、抗氧化性、橡胶相容性、行程模拟性能。

制动液的选用使用者可根据本车使用说明书、车辆状况，以及当地的气候特点、道路情况、车型，结合国家标准选择不同类型的制动液。此外，在制动液选择过程中要注意：

（1）尽可能购买长期为汽车厂提供配套制动液的生产厂家的产品，确保质量可靠，性能稳定。

（2）尽量到资质合格的大型销售场所购买，以防伪劣产品。

（3）在种类选择上，最好考虑选合成制动液，不要购买已淘汰的制动液。

制 动 液 的 类 型

项目 \ 类型	DOT 3 (SAEJ1703)	DOT 4	DOT 5	SAE J1702 (极冷区域)
沸点℃（℉）（水含量0%）	205（401）或更多	230（446）或更多	260（500）或更多	150（302）或更多
湿沸点℃（℉）（水含量3.5%）	140（284）或更多	155（311）或更多	180（356）或更多	—

项目 13　制动踏板的检查与调整

一　学习目标

（1）了解制动踏板的结构组成；
（2）掌握制动踏板高度、自由行程、行程余量的概念及作用；
（3）学会制动踏板的检查；
（4）学会制动踏板高度的调整。

二　情景导入

一辆丰田卡罗拉轿车制动的时候，感觉踩制动踏板时，经常是踩下后导致踏板与轿车底板相碰，影响制动的效果。经过检查也没有发现有制动液泄漏和制动管路中存在空气的情况，最终确定是由于制动器踏板位置不当导致，需对制动踏板的位置进行检查与调整。

三　知识链接

1　制动踏板的结构原理

制动踏板在整个制动系统中起着至关重要的作用，它是整个制动系统的触发点，直接控制着整个制动系统的运行。制动踏板一般是安装在驾驶室下方，制动助力器的后面，便于驾驶员进行操作。制动踏板总成主要由制动踏板、制动主缸推杆、推杆防尘套、U形夹锁紧螺母、复位弹簧、制动灯开关等组成，如下图所示。

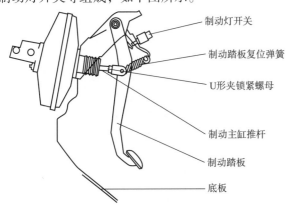

制动踏板总成

当驾驶员踩下制动踏板时，驾驶员的力作用在制动踏板上，使制动踏板向下运动，推动制动主缸推杆向前移动，从而压缩制动主缸，产生制动压力，使整个制动系统工作产生制动力，使车辆减速或停止。当驾驶员释放制动踏板时，作用在制动踏板上的力去除，制动踏板在复位弹簧的作用下回到原始位置，并带动推杆向后移动，从而解除制动主缸压力，整个制动系统停止工作。如果制动踏板的位置不当，就会使制动踏板的运动轨迹和幅度受到影响，从而影响整个制动的效能。下面我们进一步对制动踏板的位置进行介绍。

2　制动踏板位置

1）制动踏板高度

制动踏板高度是制动踏板上表面与车身地板之间的距离。在测量制动踏板高度的时候要注意先要将制动踏板的制动力完全去除，使其回到原始位置。此外，在测量前如果有地毯，则要掀起地毯测量。如果直接测量，则需在测量值中加上地毯和纸毡的厚度，再与标准值进行对比。

2）制动踏板自由行程

制动踏板自由行程：当制动系统刚刚开始起作用的瞬间，制动踏板的位置和原始位置之间的距离。在测量制动踏板自由行程时，也要注意将加在制动踏板的制动力完全去除，使其回到原始位置。制动踏板的自由行程主要是在以下两阶段，分别是U形夹销和转轴销的移动和液压升高之前的推杆运动。

3）制动踏板行程余量

制动踏板的行程余量是指在发动机运转过程

中，同时车辆处于制动解除的状态下，完全踩下制动踏板，制动踏板上表面与地板之间的距离。在测量时注意要释放驻车制动器的制动力。此外，需在测量值中加上地毯和纸毡的厚度，再与标准值进行对比。

4）检查调整制动踏板重要性

正确的制动踏板行程，能够使制动系统获得合适的制动力，保证制动系统的正常工作。如果制动踏板位置不当，则会导致制动拖滞或制动卡滞的现象，严重的会产生制动不灵的情况。

5）检查间隔期

对于制动踏板的检查一般每10000km或半年进行一次。

四 项目实施

（一）技术标准与要求

(1) 制动踏板高度：136~146mm。

(2) 制动踏板自由行程：1~6mm。

(3) 制动灯开关间隙：1.5~2.5mm。

(4) 制动踏板行程余量：85mm。

（二）实训时间

实训时间为90min。

（三）实训器材

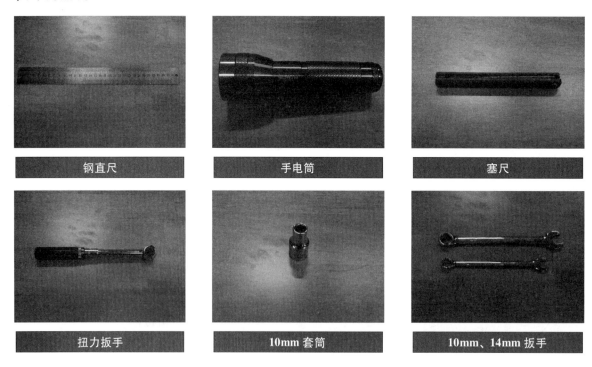

| 钢直尺 | 手电筒 | 塞尺 |
| 扭力扳手 | 10mm套筒 | 10mm、14mm扳手 |

（四）教学组织

1 教学组织形式

单人操作安排每辆车8名学生实训，1名学生操作，1名学生指导，2名学生评分考核，4名学生观察；双人操作则可变为2名学生操作，2名学生指导，4名学生评分考核。

2 学生站位分工和要求

8名学生分工与要求：1名学生进行操作，1名学生操作指导，2名学生进行检查评分，4名学

制动踏板的检查与调整 项目 13

生进行观察。

3 实训教师职责

(1) 讲解操作项目的作业流程、操作步骤、技术规范和注意事项。

(2) 组织、管理学生进行操作。

(3) 在实训中进行检查、指导和纠正学生的操作错误。

4 学生职责变换

4 名学生进行职责轮流变换制度,第一遍 1 号学生操作,2 号学生指导,3 号、4 号学生进行检查评分,5~8 号学生进行观察;第二遍 5 号学生操作,6 号学生指导,7 号、8 号学生进行检查评分,1~4 号学生进行观察;这样依次进行循环。

(五)操作步骤

★ 第一步 前期准备

 安装车轮挡块

1) 从工具车上取来两块车轮挡块,安装到左后车轮前后处。

提示:

要求挡块前后安装夹紧左后车轮,并且挡块要与轮胎侧面对齐。

2) 从工具车上再取两块车轮挡块,安装到右后车轮前后处。

提示:

安装车轮挡块是为了防止车辆出现移动。

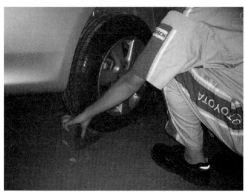

 安装尾气管。

1) 从挂钩上取下尾气管。

提示:

注意在取下的时候要慢,防止挂钩晃动。

2) 蹲下先将尾气管对准待检车辆排气管,然后再将尾气管套在排气管外。

提示:

在推进去的时候要对准,不能碰到车身。

3 安装三件套。学生从工具车上拿来车内清洁三件套和车钥匙，然后打开车门，按照底板垫、转向盘套、座椅套的顺序依次进行安装。

提示:

在安装转向盘套的时候要轻，不要太用力，以防止其破损。

🌲 第二步　检查制动踏板高度

 踩制动踏板数次。

1）学生进入驾驶室踩下制动踏板数次，直至制动踏板不会再升高。

提示:

此项操作的目的是为了使制动踏板回升到最高位，保证测量的准确性。

2）学生从驾驶室出来打开车门。

提示:

注意车门打开的角度不能太小，以便于接下去的操作。

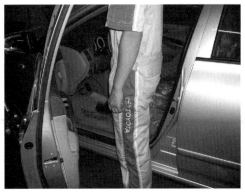

 用钢直尺测量制动踏板高度。

1）将钢直尺垂直放于底板上面，测量制动踏板的高度。

提示:

测量制动踏板表面和地板之间的最短距离。如果从地毯表面开始测量，则从标准值中扣除地毯的厚度。

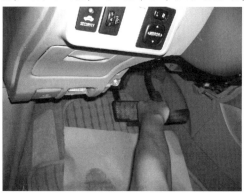

2）从钢直尺中读取所测量出来的制动踏板的高度。如果超出标准范围，调整制动踏板高度。

提示:

制动踏板距离底板的高度：136~146mm。

第三步 调整制动踏板高度

 断开蓄电池负极端子。

1)打开发动机舱盖,安装好翼子板粘贴布和前格栅粘贴布,用10mm梅花扳手松开蓄电池负极端子。

提示:

(1)在断开蓄电池负极之前点火开关处于关闭状态,即汽车钥匙拔出。

(2)断开蓄电池电缆后重新连接时,某些系统需要初始化,具体参考维修手册。

2)用手旋松蓄电池负极端子的螺母,然后将蓄电池负极电缆拔出。

提示:

(1)要将蓄电池负极电缆放到安全位置。

(2)打开发动机舱盖,安装翼子板粘贴布,安装前格栅粘贴布,参考项目一。

 拆卸仪表板下装饰板分总成。

1)用手轻轻脱开5个卡爪、2个导销和2个卡子。

提示:

在脱开卡爪的时候要注意先从一侧开始,并且用力要轻。

2)取下仪表板装饰板分总成,并将其放在工具车上。

 断开制动灯开关连接器。用大拇指压下制动灯开关连接器的锁舌,然后用力拔出制动灯开关连接器。

提示:

如果连接器很紧,则可将连接器向后松点再拔出。

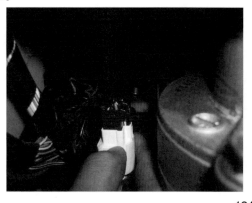

拆下制动灯开关总成。

1）逆时针转动制动灯开关总成，直接卡扣解锁。

提示：

在转动过程中，要注意用力不能太大，以免损坏制动灯开关总成。

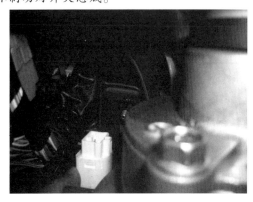

2）拔出制动灯开关总成，并将其放在工具车上。

 松开推杆U形夹锁紧螺母。用14mm开口扳手，松开推杆U形夹锁紧螺母。

提示：

由于锁紧螺母在操作人员的背面，要注意旋松的方向需要相反。

转动推杆以调整制动踏板高度。

1）用手将推杆U形夹锁紧螺母松开至一定行程，以便下面转动推杆时有一定的调整余量。

2）转动推杆进行调整。用手转动推杆，调整制动踏板的高度。

提示：

如果制动踏板高度要增大，则需将推杆旋出，伸长推杆。如果制动踏板高度要减小，则需将推杆旋进，缩短推杆。

3）检查制动踏板高度。参考第二步，检查制动器踏板高度。

提示：

如果制动踏板高度不符合标准，则继续调整，直到符合标准为止。

拧紧推杆U形夹锁紧螺母。

1）用14mm开口扳手，拧紧推杆U形夹锁紧螺母。

提示：

由于此处无法使用扭力扳手，则用开口扳手拧紧即可。

2）检查制动踏板高度。参考第二步，检查制动器踏板高度。

提示：

如果制动踏板高度不符合标准，则继续调整，直到符合标准为止。

 安装制动灯开关总成。将制动灯开关插入调节器固定架，直至开关壳体接触到制动踏板。

提示：

插入制动灯开关总成时，从后面支撑制动踏板，否则制动踏板会被按进去。

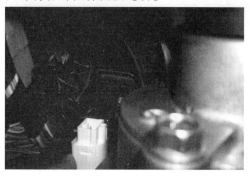

 调整制动灯开关。

1）顺时针转动制动灯开关1/4圈，安装制动灯开关总成。

提示：

（1）力矩：1.5N·m或更小。

（2）插入制动灯开关总成时，从后面支撑制动踏板，否则制动踏板会被按进去。

2）用塞尺检查推杆的凸出部分是否在标准范围之内，如果不在则进行调整。

提示：

（1）标准：1.5~2.5mm。

（2）此时不能踩下制动踏板。

 连接制动灯开关连接器。将制动灯开关连接器安装至制动灯开关上，确保连接可靠。

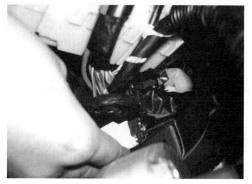

检查推杆的凸出部分。用塞尺检查推杆的凸出部分是否在标准范围之内，如果不在则进行调整。

提示：

（1）标准：1.5～2.5mm。
（2）此时不能踩下制动踏板。

 检查制动踏板高度。参考第二步，检查制动踏板高度。

提示：

如果制动踏板高度不符合标准，则继续调整，直到符合标准为止。

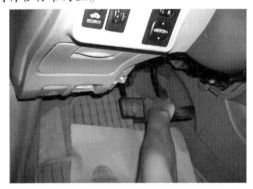

 安装仪表板下装饰板分总成。

1）从工具车上取来仪表板装饰板分总成，同时对准各个安装位置的卡扣和卡爪。

2）轻轻用力按压仪表板下装饰板分总成，确保所有的卡扣和卡爪完全的安装到位。

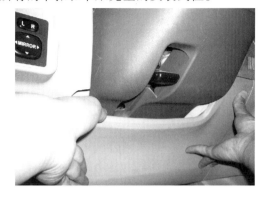

 连接蓄电池负极端子。

1）先将蓄电池负极电缆放到蓄电池负极端子上，然后用手将其拧紧，再轻轻用扳手拧紧。

提示：

在安装之前点火开关要处于关闭状态，即汽车钥匙拔出。

2）用10mm套筒和扭力扳力将其拧到规定的力矩。

提示：

（1）标准力矩：5.4N·m。
（2）拆除翼子板粘贴布、前格栅粘贴布，关闭发动机舱盖参考项目一。

制动踏板的检查与调整 项目 13

第四步 检查制动踏板自由行程

 踩下制动踏板数次。关闭发动机。多次踩下制动踏板直至制动助力器内无真空,直至制动踏板不会再升高。然后松开制动踏板。

提示:

此项操作的目的是为了使制动踏板回升到最高位,保证测量的准确性。

 用钢直尺测量制动踏板自由行程。

1) 将钢直尺垂直放于底板上面,使用手指轻轻按压制动踏板(当手按下去的阻力突然增大时为止),并且测量出制动踏板自由行程。

提示:

当您用手指轻轻按压制动踏板时,制动踏板的运动在两个阶段发生变化:

第一阶段:U 形夹销和转轴销松动。

第二阶段:推杆刚好在液压升高之前的运动。

第一阶段与第二阶段的总运动即为制动踏板的自由行程。

2) 从钢直尺中读取所测量出来的制动踏板的自由行程。

 提示:

(1) 标准值:1~6mm。

(2) 如果制动踏板自由行程不符合规定,检查制动灯开关间隙。如果制动踏板自由行程符合规定,转至"检查制动踏板行程余量"。

第五步 检查制动踏板行程余量

 起动发动机。检查变速杆挡位是否在 P 挡或 N 挡,驻车制动器操纵杆是否拉起,然后起动发动机。

提示:

起动发动机是为了检查其行程余量。

松开驻车制动器操纵杆。学生松开驻车制动器操纵杆。

提示:

其松开驻车制动器操纵杆是为了使车辆的所有制动器不起作用,从而保证测量的准确性。

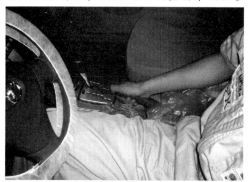

 用钢直尺测量制动踏板行程余量。

1) 使用294N的力踩下制动器踏板。

提示:

脚踩制动踏板的地方要留有一定位置进行测量。

2) 将钢直尺垂直地放到制动踏板处进行测量,测量点的位置与测量制动踏板高度的位置一样。

提示:

在放钢直尺的时候要小心,钢直尺不要碰到车身。

3) 拿起钢直尺进行读数,检查其是否处于规定的范围内,同时释放制动器踏板。

提示:

(1) 标准值:制动踏板行程余量85mm。

(2) 测量从底板到制动踏板上表面的距离。如果必须要从地毯表面开始测量,则从标准值中扣除地毯的厚度,或者地毯和清洁纸垫的厚度。

(3) 如果制动踏板行程余量不符合规定,对制动系统进行故障排除。

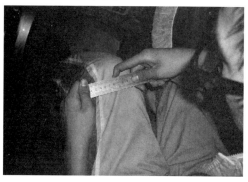

 拉起驻车制动器操纵杆。学生此时拿好钢直尺,同时右手拉起驻车制动器操纵杆。

 关闭发动机。学生将发动机熄火。

提示:

测量完成后,复位操作。

第六步　恢复清洁

 拆除车内清洁三件套。学生打开车门,按座椅套、转向盘套、底板垫的顺序将三件套拆除,然后分类扔到回收筒和塑料筒中。

提示:

底板垫扔回收筒,其他扔塑料筒。

 取出各车轮下的挡块。

1)学生走到左后车轮处蹲下,双手往外拉挡块,取出车轮挡块,并将其放到工具车上。

提示:

在拿出挡块时要小心,要防止头与车身碰到。

2)学生走到右后车轮处蹲下,双手往外拉挡块,取出车轮挡块,并将其放到工具车上。

提示:

此时如果后部有尾气管也可先拆尾气管以提高取出车轮挡块的速度。

 拆除尾气管。

1)学生在排气管后方蹲下,双手握住尾气管向外拉,把尾气管从车的排气管上拔出。

提示:

双手一定要放在尾气管的套筒上面,以防止套筒被排气管夹住。

2)第二步:将尾气管拆下后,吊到吊钩上面。

提示:

要求放置尾气管的时候要轻一点,以防止尾气管摇晃,影响操作。

4 清洁整理。清洁车辆、地面以及所用工具和设备，然后再按其原始位置放好，做好7S工作。

五 考核标准

考核标准表

序号	操作步骤	考核项目	满分	评分标准	得分
1	一、前期准备	安装车轮挡块	2	操作不当扣2分	
2		安装尾气管	2	操作不当扣2分	
3		安装车内清洁三件套	2	操作不当扣2分	
4	二、检查制动踏板高度	踩制动踏板数次	2	操作不当扣2分	
5		用钢直尺测量制动踏板高度	8	操作不当扣8分	
6	三、调整制动踏板高度	断开蓄电池负极端子	2	操作不当扣2分	
7		拆卸仪表板下装饰板分总成	3	操作不当扣3分	
8		断开制动灯开关连接器	2	操作不当扣2分	
9		拆下制动灯开关总成	3	操作不当扣3分	
10		松开推杆U形夹锁紧螺母	4	操作不当扣4分	
11		转动推杆以调整制动踏板的高度	5	操作不当扣5分	
12		拧紧推杆U形夹锁紧螺母	4	操作不当扣4分	
13		安装制动灯开关总成	3	操作不当扣3分	
14		调整制动灯开关	5	操作不当扣5分	
15		连接制动灯开关连接器	2	操作不当扣2分	
16		检查推杆的凸出部分	4	操作不当扣4分	
17		检查制动踏板高度	4	操作不当扣4分	
18		安装仪表板下装饰板分总成	3	操作不当扣3分	
19		连接蓄电池负极端子	2	操作不当扣2分	
20	四、检查制动踏板自由行程	踩制动踏板数次	2	操作不当扣2分	
21		用钢直尺测量制动踏板自由行程	8	操作不当扣8分	
22	五、检查制动踏板行程余量	起动发动机	3	操作不当扣3分	
23		释放驻车制动器操纵杆	3	操作不当扣3分	
24		用钢直尺测量制动踏板行程余量	8	操作不当扣8分	
25		拉起驻车制动器操纵杆	3	操作不当扣3分	
26		关闭发动机	3	操作不当扣3分	
27	六、恢复清洁	拆除车内清洁三件套	2	操作不当扣2分	
28		拆除车轮下的挡块	2	操作不当扣2分	
29		拆除尾气管	2	操作不当扣2分	
30		清洁整理	2	操作不当扣2分	
	总分		100	实际得分	

六 知识拓展

制动踏板自由行程的调整

对于丰田卡罗拉轿车来说，制动踏板的自由行程会随着制动踏板高度的调整而调整，即通过调整推杆长度的方法来实现，但也可以独立调整。推杆长度缩短，可以增大制动踏板的自由行程；推杆长度增大，则可以减小制动踏板的自由行程。不过还有些汽车推杆与制动踏板通过偏心销铰接。调整自由行程时，可转动偏心销，使推杆的轴向位置改变，而使制动踏板的自由行程改变。推杆向制动踏板方向移动，可使制动踏板的自由行程增大；向制动主缸方向移动，可使制动踏板的自由行程减小。调整好制动踏板的自由行程后再将锁紧螺母锁止。

制动踏板自由行程过小，甚至无自由行程会导致制动拖滞，制动系统甚至始终会处于制动状态，影响车辆的正常行驶。如果制动踏板自由行程过大将导致制动反映时间增长和踏板行程余量减小，降低行车安全性。

项目 14　制动器摩擦块的检查与更换

一　学习目标

（1）了解制动器的类型、结构及工作原理；
（2）掌握制动摩擦块的结构组成、检查更换里程及行驶距离估算；
（3）学会制动器摩擦块的检查；
（4）学会制动器摩擦块的更换操作。

二　情景导入

一辆丰田卡罗拉轿车制动的时候，制动踏板非常的硬，并且制动效果非常的差，同时还有异常的噪声。经过检查制动器摩擦块磨损严重，并且摩擦材料基本磨光。需对制动器的摩擦块进行检查与更换。

三　知识链接

1 制动器类型

制动器的分类方法有很多，根据传动介质的不同，汽车制动系统一般可以分为气压式和液压式两种。在轿车上普遍采用的是液压式的制动器，并带有真空助力装置。而在货车、客车等大型车辆上主要采用的是气压制动器。

根据制动器的作用，可以分为驻车制动器和行车驻车器。驻车制动器，用于使停驶的汽车在原地保持不动，防止意外的发生。通常驻车制动器由驾驶员手动操作，俗称"手刹"。当然也有些车的驻车制动器是用脚操作的。行车制动器，是用于使行驶中的汽车减速或停车，通常由驾驶员用脚操作。两种制动器构成汽车整个制动系统，缺一不可。

行车制动器按照其结构的不同分为盘式制动器和鼓式制动器。盘式制动器的制动元件是制动盘和制动块，工作面是制动盘的两侧面。鼓式制动器的制动元件是制动鼓和制动片，工作面是制动鼓内表面。在轿车上一般前轮多用盘式制动器，后轮盘式和鼓式都有应用。下面以盘式制动器为例来介绍其结构与原理。

2 盘式制动器的结构与工作原理

盘式制动器的结构与工作原理如下图所示。
盘式制动器的主要组成部件有制动盘、制动钳、制动轮缸、摩擦块等。制动盘是盘式制动器的旋转部分，两侧面为工作面，其安装在车轮轮毂上并一同转动。制动盘由金属制成，有空心盘和实心盘之分，一般用得较多的是空心盘。空心盘有利于热量的散发和材料的节省。制动钳是盘式制动器的固定元件，是将制动轮缸和摩擦块固定的车桥处，保证制动器正常工作。制动轮缸是制动器的动力元件，它是通过液压推动摩擦块压紧制动盘产生制动效能。

当踩下制动踏板时，带有一定压力的制动液推动盘式制动器的轮缸活塞向前移动，从而使摩擦块压紧制动盘，并且随着制动压力的增加而压的更紧，从而使车辆减速或制动。当释放制动踏板时，制动压力消失，制动轮缸活塞回复到原位，使摩擦块与制动盘分离，从而解除制动。

3 摩擦块相关知识

1）摩擦块的结构组成

摩擦块的结构如下图所示，主要由制动衬块、消声垫片、磨损指示器等组成。制动衬块是摩擦块的工作部分，是和制动盘进行摩擦的部件。消声垫片是减少摩擦块与制动盘摩擦时的噪声，一般由两块组成，并在其中的一块消声垫片涂有高温润滑脂。磨损指示器是指示摩擦块的磨损极限，并起提示和警告的作用，此外便于安装和固定制动衬块。

制动器摩擦块的检查与更换 项目 14

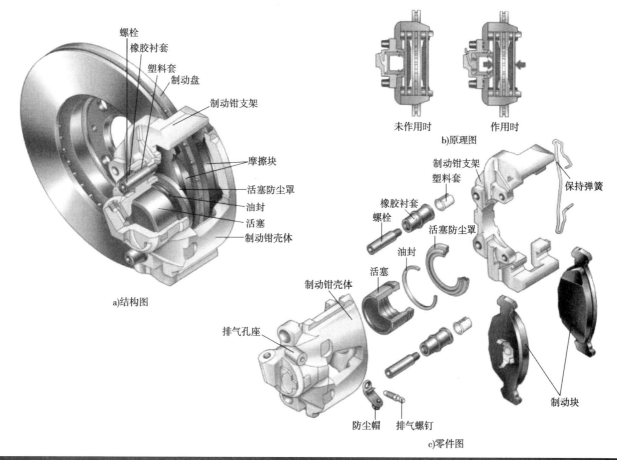

盘式制动器的结构及工作原理

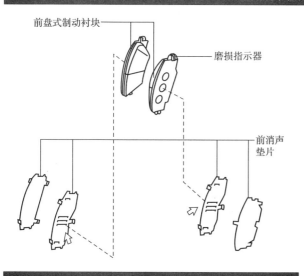

摩擦块的结构

2）摩擦块检查的重要性

摩擦块是制动系统的最重要的零件之一，其直接影响制动系统的制动效果。如果摩擦块表面有杂物或油污就会影响制动效果，如果摩擦块磨损后，制动盘和摩擦表面会直接接触进行摩擦，导致制动盘损坏。

3）摩擦块检查更换间隔里程

一般摩擦块的检查可以通过目视判断。每10000km或6个月检查一次，当制动器摩擦块的厚度小于1mm时，应进行更换。

4）摩擦块行驶距离估算

摩擦块行驶距离的估算对于判断摩擦块的使用情况非常的重要。通过当次检查和上次检查之间的摩擦块磨损程度，结合两次检查的间隔期，可以推断出摩擦块在一定里程下的磨损情况，这样就可以估算出下次检查时的行驶里程。如果在下一次检查时所估算出的摩擦块厚度小于磨损极限值时，则可建议为车主更换摩擦块。

四 项目实施

（一）技术标准与要求

（1）摩擦块厚度：标准值为12mm，极限值为1mm。

(2)制动轮缸与制动钳螺栓标准拧紧力矩为34N·m。
(3)车轮螺母标准拧紧力矩103N·m。

(二)实训时间

实训时间为180min。

(三)实训器材

钢直尺

14mm、17mm 扳手

S 形钩

砂皮

高温硅润滑脂

风动扳手

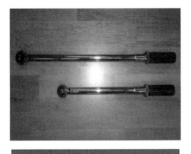
扭力扳手

14mm 套筒、21mm 套筒、节杆

(四)教学组织

1 教学组织形式

单人操作安排每辆车8名学生实训,1名学生操作,1名学生指导,2名学生评分考核,4名学生观察;双人操作则可改为2名学生操作,2名学生指导,4名学生评分考核。

2 学生站位分工和要求

8名学生分工和要求:1名学生进行操作,1名学生操作指导,2名学生进行检查评分,4名学生进行观察操作。

3 实训教师职责

(1)讲解操作项目的作业流程、操作步骤、技术规范和注意事项。
(2)组织、管理学生进行操作。
(3)在实训中进行检查、指导和纠正学生的操作错误。

4 学生职责变换

4名学生进行职责轮流变换制度,第一遍1号学生操作,2号学生操作指导,3号、4号学生进行检查评分,5~8号学生进行观察;第二遍5号学生操作,6号学生操作指导,7号、8号学生进行检查评分,1~4号学生进行观察;这样依次进行循环。

(五)操作步骤

第一步 前期准备

 安装三件套。学生从工具车上拿来三件套和车钥匙,然后打开车门,按照地板垫、转向盘套、座椅套的顺序依次进行安装。

提示:

在安装转向盘套的时候要轻,不要太用力,以防止其破损。

 拉起发动机舱盖支撑杆。学生站在驾驶室侧,然后用左手拉起该侧下部的发动机舱盖支撑杆即可。

提示:

当听到"嗒"一声时表示此时发动机舱盖已处于打开状态。

 安装车轮挡块。

1)从工具车上取来两块车轮挡块,安装到左后车轮处。

提示:

要求挡块前后安装夹紧左后车轮,并且挡块要与轮胎侧面对齐。

2)从工具车上再取两块车轮挡块,安装到右后车轮处。

提示:

安装车轮挡块是为了防止车辆出现移动。

打开发动机舱盖。学生走到车辆正前方,左手抬起发动机舱盖,右手拉起锁扣,然后抬起发动机舱盖,再将发动机舱盖支撑杆支好。

提示:

当发动机舱盖支撑好后需要再次检查其牢固性。

 安装翼子板布和前格栅布。从工具车上取来翼子板布和前格栅布,按翼子板布、前格栅布、翼子板布的顺序从左到右依次进行安装。

提示:

(1) 安装顺序也可根据其原始放置情况。

(2) 在安装过程中一定要确保安装稳定,防止其掉落。

 检查制动液液位。右手放在制动液储液罐上,低下头观察其液位是否在低位 MIN 和高位 MAX 刻度线之间。如果不是则说明液位不正常。

提示:

如果制动液液位低于 MIN 刻度线,检查是否泄漏,并检查盘式制动摩擦块。如有必要,维修或更换后重新向储液罐加注制动液。

🌲 第二步 检查更换摩擦块

1 车辆举升。

参考项目:制动液的检查与换气。

2 拆卸车轮。

参考项目:制动液的检查与换气。

 拆卸制动轮缸。

1) 从工具车上左手拿一把 14mm 梅花扳手,右手拿一把 17mm 开口扳手。

提示:

要注意手握扳手的位置,要在扳手的后端。

2）用 17mm 扳手固定，用 14mm 扳手用力将制动轮缸与制动卡钳连接的螺栓旋松。

 提示：

在用力时不要用冲击力，要慢慢加力，以防打滑或损坏螺栓。

3）螺栓旋松后，将扳手放到工具车，然后用左手将螺栓旋出，再放到工具车上。

 提示：

拆下时要小心，防止螺栓掉落。

4）从工具车拿一个 S 形的钩子，将制动轮缸挂在上面。

 提示：

其目的是为了防止掉落，便于下面的操作。

4 拆下摩擦块。

1）双手将摩擦块拿住，轻轻向外摇，将摩擦块从制动钳上分离。

 提示：

在拆摩擦块的时候要注意消声片，防止其松动掉落。

2）取下摩擦块后，将其放到工具车上，注意摩擦块表面要朝上。

 提示：

手不可以接触摩擦块的表面，以防止污染摩擦块从而影响制动效果。

5 检查摩擦块是否损坏。

1）用一片砂皮清洁两块摩擦块的表面，便于下面的检查。

 提示：

在清洁摩擦块过程中手不可以接触到摩擦块

的表面。

2）检查制动摩擦块有没有损坏、裂纹，如有则需更换。

在检查过程中手不可以接触到摩擦块的表面。

 检查摩擦块磨损情况。检查两块摩擦块的表面是否有磨损不均匀的情况。

在检查过程中手不可以接触到摩擦块的表面。

 检查摩擦块厚度。

1）左手拿起一块内侧摩擦块，右手拿一把钢直尺进行测量。

将摩擦块水平放置与眼睛一样的高度。

2）先测量摩擦块内侧的中间两个点，测量并报出数值。

此时测量钢直尺必须垂直。

3）继续测量摩擦块外侧的中间两个点，然后报出数据。四个测量值与标准值进行比较，如有一个不符合标准，则摩擦块需更换。

4）以上述相同的方法测量外侧摩擦块的厚度。

（1）标准值：12mm，极限值：1mm。

（2）换上新的摩擦块后，务必检查前制动盘的磨损。

检查磨损指示器是否损坏。检查两块摩擦块上的磨损指示器是否有变形和损坏,如有需更换。

提示:

此部件是提醒驾驶员摩擦块已经磨损到极限,需要更换。

 检查安装消声垫片。

1)检查两块1号和两块2号消声垫片是否有变形、损坏或润滑脂缺少。

提示:

更换磨损的摩擦块时必须一同更换消声垫片。

2)在每个1号消声垫片的两侧涂抹盘式制动器润滑脂。

提示:

(1)在与消声垫片接触的部位涂抹盘式制动器润滑脂。

(2)盘式制动器润滑脂可能会从消声垫片的安装部位稍稍溢出。

(3)确保盘式制动器润滑脂没有涂到摩擦块表面上。

3)安装两个1号消声片,注意在正确的位置和方向安装垫片。

提示:

在安装过程中要防止润滑脂碰到摩擦块表面。

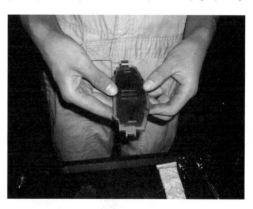

4)安装两个2号消声片,注意在正确的位置和方向安装垫片。

提示:

用同样的方法安装好另外一块摩擦块。

10 清洁制动盘。用一块砂皮来清洁制动盘的内外表面，在清洁过程中可边转动边清洁。

 提示：

在清洁制动盘过程中，手不可以接触制动盘表面，以免污染制动盘影响制动效果。

11 检查制动液是否泄漏。检查制动轮缸和制动管路处是否有制动液泄漏。

 提示：

如果制动液溅出或者粘在油漆上，要立即用水清洗。否则，将损坏油漆表面。

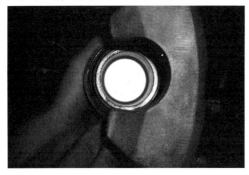

12 安装摩擦块。

1）从工具车上一手拿一块摩擦块，准备安装。

 提示：

在安装前检查摩擦块的各零件是否安装牢固。

2）将摩擦块安装到制动盘的制动钳上面，注意磨损指示器朝上。

 提示：

安装时可将两块摩擦块同时安装，先装下方，再装上方。

13 安装制动轮缸。

1）将固定制动轮缸的钢丝钩从减振器上面取下来。一只手拿住制动轮缸，另一只手来拆钢丝钩，然后将钢丝钩放在工具车上。

 提示：

此时在拿钩子的时候要小心，防止轮缸掉落。

2）将制动轮缸慢慢往下放，同时一只手夹住两侧摩擦块，防止消声片、摩擦块的掉落，然后将轮缸合上安装到规定位置。

 提示：

如果更换了新的摩擦块，则在安装轮缸之前，可先放掉一些制动液，然后用专用工具将制动轮缸顶到里面，以便于进行安装。

3）从工具车上取来螺栓，安装到制动轮缸上，并用手拧紧。

提示：

在螺栓安装的时候，如果安装困难，则可用另一只手轻轻晃动制动轮缸，以便对准安装孔。

4）将扭力扳手设置为34N·m，左手拿扭力扳手，右手拿17mm开口扳手，来紧固制动轮缸与制动钳的螺栓。

提示：

17mm开口扳手是为了固定，以便螺栓的紧固。

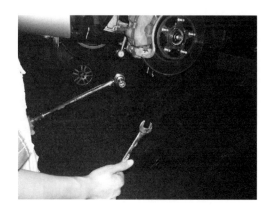

5）先用17mm开口扳手固定活动销上的螺母，然后用扭力扳手将其紧固到规定力矩。

提示：

制动轮缸与制动钳螺栓标准力矩：34N·m。

6）用第5）步相同的方法，紧固制动轮缸与制动钳的上面螺栓。

提示：

紧固上面螺栓的目的是为了确定制动轮缸工作安全。

14 车轮临时安装。

参考项目：制动液的检查与放气。

15 车辆下降。

参考项目：制动液的检查与放气。

检查制动液液位。再次检查制动液的液位是否在规定范围之间，如果不是则进行加注。

提示：

如进行过排放制动液的操作，则必须进行检查和加注。

 紧固车轮螺母。用扭力扳手按照规定的顺序用扭力扳手紧固车轮螺母。

提示：

（1）标准力矩：103N·m。

（2）紧固时要注意扭力扳手不能碰到轮辋，且用力方向为朝向自己身体拉。

第三步 恢复清洁

 拆卸翼子板布和前格栅布。按照翼子板布、前格栅布、翼子板布的顺序进行拆除，然后将其放到工具车上。

提示：

在拆除后折叠时要拿稳，防止掉落。

 关闭发动机舱盖。

（1）左手将发动机舱盖轻轻推起，右手将支撑杆握住并放回到原位。

提示：

此时要注意不同车型，其支撑杆位置可能不同。

（2）双手慢慢往下落下发动机舱盖，当快于车辆接触时双手离开，将发动机舱盖关闭。

提示：

在手离开时，可利用发动机舱盖本身重力将锁扣上。

拆除三件套。学生打开车门,按座椅套、转向盘套、地板垫的顺序将三件套拆除,然后分类放进到回收筒中。

提示:

地板垫放进回收筒,其放进扔塑料筒。

 拆除挡块。

1)学生走到左后车轮处蹲下,双手往外拉,拆除车轮挡块,并将其放到工具车上。

提示:

在拿出挡块时要小心,要防止与车身碰到。

2)学生走到右后车轮处蹲下,双手往外拉,拆除车轮挡块,并将其放到工具车上。

提示:

此时如果后部有尾气管也可先拆尾气管以提高速度。

 清洁整理。清洁车辆、地面以及所用工具和设备,然后再按其原始位置放好,做好7S工作。

五、考核标准

考核标准表

序号	操作步骤	考核项目	满分	评分标准	得分
1	一、前期准备	安装三件套	2	操作不当扣2分	
2		拉起发动机舱盖支撑杆	2	操作不当扣2分	
3		安装车轮挡块	2	操作不当扣2分	
4		打开发动机舱盖	2	操作不当扣2分	
5		安装翼子板布和前格栅布	3	操作不当扣3分	
6		检查制动液液位	2	操作不当扣2分	

续上表

序号	操作步骤	考核项目	满分	评分标准	得分
7	二、检查更换摩擦片	车辆举升	4	操作不当扣4分	
8		拆卸车轮	4	操作不当扣4分	
9		拆卸制动轮缸	3	操作不当扣3分	
10		拆下摩擦片	4	操作不当扣4分	
11		检查摩擦片是否损坏	3	操作不当扣3分	
12		检查摩擦片磨损情况	3	操作不当扣3分	
13		检查摩擦片厚度	8	操作不当扣8分	
14		检查摩擦指示器是否损坏	4	操作不当扣4分	
15		检查安装消声垫片	6	操作不当扣6分	
16		清洁制动盘	3	操作不当扣3分	
17		检查制动液泄漏	3	操作不当扣3分	
18		安装摩擦片	4	操作不当扣4分	
19		安装制动轮缸	6	操作不当扣6分	
20		车轮临时安装	4	操作不当扣4分	
21		车辆下降	4	操作不当扣4分	
22		检查制动液液位	3	操作不当扣3分	
23		紧固车轮螺母	4	操作不当扣4分	
24	三、恢复清洁	拆卸翼子板布和前格栅布	3	操作不当扣3分	
25		关闭发动机舱盖	3	操作不当扣3分	
26		拆除三件套	3	操作不当扣3分	
27		拆除挡块	3	操作不当扣3分	
28		清洁整理	3	操作不当扣3分	
		总分	100	实际得分	

六 知识拓展

1 摩擦片的材料

传统的摩擦片是以石棉为主的摩擦材料，由于石棉材料热衰退性大，而且又是强致癌物。因此，如今的摩擦片基本是非石棉的摩擦材料。主要由半金属型摩擦材料、烧结金属型摩擦材料、复合纤维摩擦材料、陶瓷纤维摩擦材料等。

2 鼓式制动衬片的检查更换

鼓式制动器衬片磨损后，由于制动蹄片和制动鼓之间的间隙变大，使制动效力下降。由于制动蹄片直接接触到制动鼓，它会损害制动鼓。一般情况下根据行驶里程或时间长短进行检查或更换鼓式制动器衬片。一般每20000km或1年检查一次，当制动衬片的剩余厚度少于1.0mm时，需要进行更换。

项目 15 制动盘的检查与更换

一 学习目标

（1）了解制动盘的作用、结构、原理；
（2）掌握制动盘的检查更换重要性和间隔期；
（3）学会制动盘的检查操作；
（4）学会制动盘的更换操作。

二 情景导入

一辆丰田卡罗拉轿车在制动过程中，有时会发生制动跑偏并伴有噪声，制动效果也比较差。经过检查是由于制动盘有损坏导致此现象。下面就以丰田卡罗拉车型为例来检查更换制动盘。

三 知识链接

1 制动盘的结构和工作原理

制动盘是盘式制动器零件之一，是制动系统的旋转元件，它与车轮轴承安装在一起并与车轮一起转动，如下图所示。制动盘通过与摩擦块的工作使汽车减速或停车。制动盘是一个金属盘，整个呈圆形，两个侧面是它的工作面。中间有螺栓孔，安装时通过螺栓安装在车轿上。有些制动盘的中间开有槽，主要是为了散热和防止变形。

制动盘的结构

1-制动盘；2-车轮螺栓；3-制动盘槽

工作原理：当驾驶员踩下制动踏板时，摩擦块夹紧制动盘，使车辆减速或停车。当驾驶员释放制动踏板时，摩擦块松开制动盘，制动系统停止工作。

2 制动盘相关知识

1）制动盘更换的重要性

制动盘在长期的使用过程中，会发生磨损、变形、划伤、损坏等现象，从而造成制动效能低下、制动跑偏、制动时产生异常噪声，甚至制动不灵等现象。因此，必须定期对制动盘进行检查，保证制动系统的正常工作。

2）检查更换间隔期

一般制动盘的检查间隔期是 20000km 或一年进行一次，对于制动盘的更换根据检查的情况而定。

四 项目实施

（一）技术标准与要求

（1）制动盘厚度标准：标准值为 22mm，极限值为 19mm。
（2）前桥轮毂轴承松弛度：最大 0.05mm。
（3）前桥轮毂径向圆跳动量：最大 0.05mm。

(4) 制动盘最大径向圆跳动量：0.05mm。
(5) 盘式制动器的制动钳与转向节螺栓紧固力矩：107N·m。
(6) 车轮螺母紧固力矩：103N·m。
(7) 制动盘固定螺栓力矩：103N·m。

(二) 实训时间

实训时间为90min。

(三) 实训器材

梅花扳手

扭力扳手

节杆、套筒

风动扳手

0~25mm 千分尺

磁性座、百分表

(四) 教学组织

1 教学组织形式

单人操作安排每辆车8名学生实训，1名学生操作，1名学生指导，2名学生评分考核，4名学生观察；双人操作则可改为2名学生操作，2名学生指导，4名学生评分考核。

2 学生站位分工和要求

8名学生分工与要求：1名学生进行操作，1名学生操作指导，2名学生进行检查评分，4名学生进行观察操作。

3 实训教师职责

(1) 讲解操作项目的作业流程、操作步骤、技术规范和注意事项。

(2) 组织、管理学生进行操作。

(3) 在实训中进行检查、指导和纠正学生的错误。

4 学生职责变换

4名学生进行职责轮流变换制度，第一遍1号学生操作，2号学生操作指导，3号、4号学生进行检查评分，5~8号学生进行观察；第二遍5号学生操作，6号学生操作指导，7号、8号学生进行检查评分，1~4号学生进行观察；这样依次进行循环。

（五）操作步骤

🌲 第一步　前期准备

1 安装三件套。
参考项目：制动摩擦块的检查与更换。

2 拉起发动机舱盖支撑杆。
参考项目：制动摩擦块的检查与更换。

3 安装车轮挡块。
参考项目：制动摩擦块的检查与更换。

4 打开发动机舱盖。
参考项目：制动摩擦块的检查与更换。

5 安装翼子板布和前格栅布。
参考项目：制动摩擦块的检查与更换。

6 检查制动液液位。
参考项目：制动摩擦块的检查与更换。

🌲 第二步　拆卸盘式制动器

 车辆举升。
参考项目：制动摩擦块的检查与更换。

2 拆卸车轮。
参考项目：制动摩擦块的检查与更换。

3 拆卸制动轮缸。

1）用 14mm 梅花扳手和 17mm 开口扳手旋松制动钳与制动轮缸螺栓。

⚡ **提示：**

17mm 开口扳手用来固定内侧螺栓，14mm 梅花扳手用来松制动钳与制动轮缸螺栓。

2）用手依次旋出制动钳与制动轮缸螺栓，取出后放在零件车上。

3）从零件车上取来 S 钩，并将制动轮缸从制动器上脱开。

⚡ **提示：**

S 钩是由钢丝制成的，其形状为 S 形，用来挂制动轮缸。

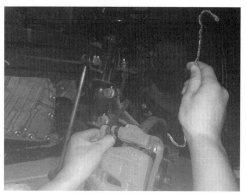

4）将S钩的一端挂在制动轮缸的螺栓孔中，另一端挂在螺旋弹簧上，从而使整个制动轮缸挂在车上。

提示：

用S钩是为了避免制动管路受到损伤。另外在挂制动轮缸时，不能将制动管路扭曲。

4 拆下摩擦块。

1）双手将摩擦块拿住，轻轻向外摇，将摩擦块从制动钳上分离。

提示：

在拆卸摩擦块的时候要注意消声片，防止其松动掉落。

2）用手依次旋出制动钳与转向节螺栓，同时取出制动钳，并放在工具上。

提示：

在取出制动钳的时候要小心，制动钳不能接触制动盘。

2）取下摩擦块后，将其放到工具车上，注意摩擦块表面要朝上。

提示：

手不可以接触摩擦块的表面，以防止污染摩擦块从而影响制动效果。

5 拆卸制动钳。

1）用指针式扳手和17mm套筒旋松制动钳与转向节螺栓。

提示：

在旋松螺栓时要注意分两次进行，并在用力时要小心，以防手撞到车身。此外，不能用扭力扳手进行操作。

第三步　检查更换制动盘

1 安装两个车轮螺母。从工具车上取来两个车轮螺母，交叉安装在车桥轮毂螺栓上，并用手拧紧。

此项操作目的是为了固定制动盘，便于检查和测量。

2 清洁制动盘。用砂皮清洁制动盘，边转动边清洁。

清洁时要注意制动盘的内外侧都要清洁。

3 检查制动盘是否磨损和损坏。用一只手转动制动盘，检查制动盘表面是否磨损和损坏。

注意内外侧都要检查。另外，在检查时手不能够接触制动盘的表面。

4 测量制动盘厚度。

1）从工具车上取出千分尺。

注意千分尺的选择要注意量程范围，根据制动盘的厚度标准来定，该车型一般选用 0~25mm 千分尺。

2）双手拿好千分尺，并将千分尺向外旋开一定距离，然后再用纱布清洁两个测量端面，提高测量的精度。

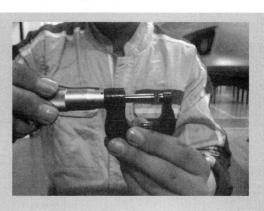

3）轻轻转动千分尺棘轮进行校零，如果零位不正确，则必须进行调整，调整好以后才能进行测量。

在实际操作中，也可以将误差记下，然后等最后读数读出后再进行换算。

4）将千分尺旋开，开距大于制动盘的厚度。然后走到车辆的制动盘处准备进行测量。

这样以便千分尺放入到制动盘里面进行测量。

5）将千分尺轻轻放入到制动盘中，距离边缘10mm。

在千分尺放进制动盘的过程中，不可以太用力，以免损坏千分尺。

6）读取第一个测量位置厚度，然后拿出千分尺，转动转子盘120°再进行测量第二个位置的厚度，然后再转动转子盘120°再进行测量第三个位置的厚度，再将三个厚度的最小值与标准值进行比较。

要求制动盘的厚度在标准值的范围之内，如果超出则进行更换。

标准值：22.00mm，极限值：19.00mm。

7）测量好以后，先清洁千分尺，再将千分尺旋转到零位。

清洁千分尺，保证千分尺不会被污损，确保以后能够继续使用。

8）将千分尺放回到盒子里面，同时放好清洁用的纱布。

此时放的时候必须轻放，另外如果此时没有

将千分尺旋到零位的话,则有可能千分尺就放不回到盒子中去。

5 拆除两个车轮螺母。用手拆除车桥轮毂上的两个车轮螺母。

在取螺母的时候要小心,防止螺母掉落。

6 拆卸制动盘。

1）用粉笔在制动盘和车桥轮毂上做好标记,便于能够按原位安装。

粉笔不能画在制动盘的摩擦面。

2）用双手取下制动盘,并将其放在零件车上。

在出制动盘时要慢,防止与螺栓发生碰擦。另外手不能接触制动盘的表面。

7 检查前桥轮毂轴承松弛度。

1）清洁磁性座各组件,检查各组件是否完好齐全。

注意在检查时不能打开磁性开关。

2）从底座开始,组装磁性座。

磁性座组装时,要注意转节头的方向,以便能检测到测量点。

3）清洁百分表，检查百分表的表盘是否损坏、转动是否灵活，表针伸缩是否自如，如有异常更换百分表。

提示：

在百分表检查的时候要小心，防止掉落。

4）将百分表安装到磁性座上。

提示：

百分表固定处应在表杆中间位置，不能太低。

5）用布清洁减振器，以便安装和固定磁性座。

6）将磁性座安装到减振器上，并检查是否固定牢靠。

提示：

在安装磁性座时，拿放要小心，防止与车辆周围的零件发生碰撞，特别是百分表。

7）松开磁性座旋钮，将百分表探针对准至前桥轮毂分总成的中心处。同时将百分表预压缩一圈。

提示：

百分表的探针必须要在中间位置，并且要垂直测量面。

8）双手推、拉前桥轮毂分总成，同时观察百分表的指针变化量。

提示：

在推、拉前桥轮毂分总成时要慢慢用力，防止用力过大打滑。

9) 读取并记录百分表指针的摆动量,并判断是否正常。

提示:

前桥轮毂轴承松弛度标准最大值为0.05mm,如果松动超过最大限度,更换前桥轮毂轴承。

 检查前桥轮毂轴承径向圆跳动。

1) 松开磁性座转节头,将百分表探针安装到前桥轮毂螺栓外的边缘处,确保探针垂直测量面,并预压缩一圈。

提示:

探针要安装到位,确保前桥轮毂转动时不会碰到。

2) 用手转动前轿轮毂,同时观察百分表指针的摆动量。

提示:

如果手转不动,则可请一位辅助人员,转动另一侧的车轮来带动前桥轮毂转动。

3) 读取并记录百分表指针的摆动量,并判断是否正常。

提示:

前轮轮毂轴承径向圆跳动量标准最大值为0.05mm,如果松动超过最大限度,更换前桥轮毂轴承。

4) 从减振上拆除磁性座,并将其放到工具车。

提示:

在拆磁性座时要小心,先将百分表抬起,防止表针碰撞。

 安装制动盘。

1) 对正标记,将制动盘安装到前轮轮毂上。

提示:

在制动盘放进时要注意不能碰撞前轮轮毂的螺纹,以免造成螺纹的损伤。

2）从工具车上取3个车轮螺母，以对角的位置安装车轮螺母，并用手拧紧。

3）用SST工具固定制动盘，用扭力扳手将其中对角的两个车轮螺母紧固至103N·m。

 提示：

车轮螺母紧固时，需要分两次进行紧固。

10 检查制动盘圆跳动量。

1）用粉笔和钢直尺在制动盘上方距离边缘10mm处做好标记。

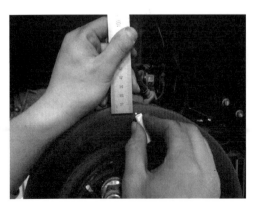

2）将磁性座安装到减振器上，并检查是否固定牢靠。

 提示：

在安装磁性座时，拿放要小心，防止与车辆周围的零件发生碰撞，特别是百分表。

3）松开磁开表座旋钮，将百分表探针对准至制动盘距离边缘10mm处。同时将百分表预压缩一圈，然后清除标记。

 提示：

百分表的探针必须要在中间位置，并且要垂直测量面。

4）清洁标记。

 提示：

清洁时要注意不要碰到磁性座。

5）用手转动前轿轮毂，同时观察百分表指针的摆动量。

提示：

如果手转不动，则可请一位辅助人员，转动另一侧的车轮来带动前桥轮毂转动。

6）读取并记录百分表指针的摆动量，并判断是否正常，制动盘最大径向圆跳动量为0.05mm。

提示：

如果径向圆跳动量超过最大值，改变车桥轮毂上制动盘的安装位置以减小径向圆跳动。如果安装位置改变后径向圆跳动仍超过最大值，则研磨制动盘。如果制动盘厚度小于最小值，则更换前制动盘。

7）从减振上拆卸磁性座，并将其放到工具车。

提示：

在拆卸磁性座时要小心，先将百分表抬起，防止表针碰撞。

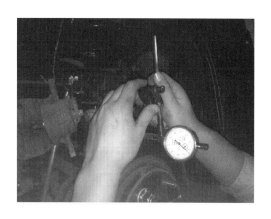

8）拆卸百分表，清洁百分表，并将百分表放到工具盒中。

提示：

在拆卸百分表时要小心，防止百分表碰撞。

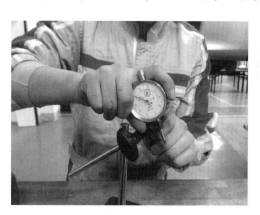

9）拆除磁性座，清洁磁性座，并将磁性座零件放到工具盒中。

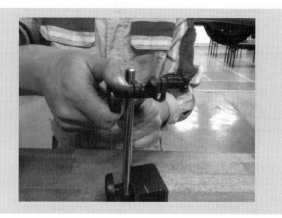

第四步　安装盘式制动器

 检查制动钳。

1）检查制动钳是否有变形、裂纹、损坏，如有则需要更换制动钳。

提示：

目视检查即可。

2）检查制动钳固定弹簧是否有变形损坏，如有则更换制动钳固定弹簧。

3）检查制动钳导销、导销护套是否有裂纹损坏。

提示：

检查时用手拉出导销，以便检查导销护套。

 安装制动钳。

1）拿好制动钳和两个螺栓，用手将制动钳固定在转向节上。

提示：

在制动钳放入时要轻要慢，防止与制动盘发生碰撞。

2）将扭力扳手的力矩调整到107N·m，并安装好套筒。

3）用扭力扳手分两次将制动钳与转向节螺栓紧固至107N·m。

提示：

在紧固定时要注意扭力扳手的用力方向，并不能碰到周围的零件。

3 检查制动液泄漏。

参考项目：制动摩擦块的检查与更换。

4 安装摩擦块。

参考项目：制动摩擦块的检查与更换。

5 安装制动轮缸。

参考项目：制动摩擦块的检查与更换。

6 拆除车轮螺母。

1）将风动扳手连接好气管，检查好旋转方向、锁止和连接情况，并套好套筒。

风动扳手不能戴手套操作，不能带有套筒的情况下进行转动。

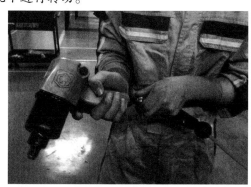

2）用风动扳手交叉并分两次拆除三个车轮螺母，并将其放在工具车上。

7 车轮临时安装。

参考项目：制动摩擦块的检查与更换。

8 车辆下降。

参考项目：制动摩擦块的检查与更换。

9 检查制动液液位。

参考项目：制动摩擦块的检查与更换。

10 紧固车轮螺母。

参考项目：制动摩擦块的检查与更换。

第五步 恢复清洁

1 拆卸翼子板布和前格栅布。

参考项目：制动摩擦块的检查与更换。

2 关闭发动机舱盖。

参考项目：制动摩擦块的检查与更换。

3 拆除三件套。

参考项目：制动摩擦块的检查与更换。

4 拆除挡块。

参考项目：制动摩擦块的检查与更换。

5 清洁整理。

参考项目：制动摩擦块的检查与更换。

五、考核标准

考 核 标 准 表

序号	操作步骤	考 核 项 目	满分	评 分 标 准	得分
1	一、前期准备	安装三件套	1	操作不当扣1分	
2		拉起发动机舱盖支撑杆	1	操作不当扣1分	
3		安装车轮挡块	1	操作不当扣1分	
4		打开发动机舱盖	1	操作不当扣1分	
5		安装翼子板布和前格栅布	1	操作不当扣1分	
6		检查制动液液位	1	操作不当扣1分	

续上表

序号	操作步骤	考 核 项 目	满分	评分标准	得分
7	二、拆卸盘式制动器	车辆举升	3	操作不当扣3分	
8		拆卸车轮	2	操作不当扣2分	
9		拆卸制动轮缸	3	操作不当扣3分	
10		拆下摩擦块	2	操作不当扣2分	
11		拆卸制动钳	4	操作不当扣4分	
12	三、检查更换制动盘	安装两个车轮螺母	3	操作不当扣3分	
13		清洁制动盘	3	操作不当扣3分	
14		检查制动盘磨损和损坏	4	操作不当扣4分	
15		测量制动盘厚度	8	操作不当扣8分	
16		拆除两个车轮螺母	3	操作不当扣3分	
17		拆卸制动盘	3	操作不当扣3分	
18		检查前桥轮毂轴承松弛度	7	操作不当扣7分	
19		检查前桥轮毂轴承径向圆跳动	7	操作不当扣7分	
20		安装制动盘	4	操作不当扣4分	
21		检查制动盘圆跳动量	8	操作不当扣8分	
22	四、安装盘式制动器	检查制动钳	3	操作不当扣3分	
23		安装制动钳	2	操作不当扣2分	
24		检查制动液泄漏	3	操作不当扣3分	
25		安装摩擦块	3	操作不当扣3分	
26		安装制动轮缸	2	操作不当扣2分	
27		拆除车轮螺母	2	操作不当扣2分	
28		车轮临时安装	3	操作不当扣2分	
29		车辆下降	2	操作不当扣2分	
30		检查制动液液位	2	操作不当扣2分	
31		紧固车轮螺母	3	操作不当扣3分	
32	五、恢复清洁	拆卸翼子板布和前格栅布	1	操作不当扣1分	
33		关闭发动机舱盖	1	操作不当扣1分	
34		拆除三件套	1	操作不当扣1分	
35		拆除挡块	1	操作不当扣1分	
36		清洁整理	1	操作不当扣1分	
		总分	100	实际得分	

六 知识拓展

1 盘式制动器的优点

盘式制动器的优点主要包括：由于盘式制动器无摩擦助势的作用，因而制动效能受摩擦系数的影响较小，从而能够达到稳定的制动效能；与鼓式制动器相比，在输出的制动力矩相同的情况下，尺寸和质量相对较小；在浸水后抽动效能降低较少，一般只需要两次制动即可恢复正常；制动盘沿厚度方向的热膨胀量很小；容易实现制动间隙的调整；维护更换也比较方便。

2 盘式制动器的缺点

盘式制动器的缺点主要包括：制动效能相对较低；液压制动系统的制动管路压力较高，一般要作用伺服装置。目前，盘式制动器已经广泛的使用于轿车当中，大都只用于前轮，它与后轮的鼓式制动器配合，以提高制动效能和方向稳定性。不过现在很多中高档车前后轮也都开始使用盘式制动器。

项目16 驻车制动器的检查与调整

一 学习目标

（1）了解驻车制动器的作用、类型、结构原理；
（2）掌握驻车制动器的行程、检查重要性及检查间隔期；
（3）学会驻车制动器的检查；
（4）学会驻车制动器的调整。

二 情景导入

一辆丰田卡罗拉轿车，在释放驻车制动器汽车起步的时候，制动器会发生噪声，有卡滞的情况。经过检查是由于驻车制动器过紧，导致制动器出现以上现象。需对该车的驻车制动器进行检查和调整。

三 知识链接

1 驻车制动器的结构原理

驻车制动器是汽车制动系统中非常重要的一部分。驻车制动器的作用主要是保证车辆停放安全，防止车辆移动，辅助车辆进行上坡起步。此外，驻车制动器可以与行车制动器一起实现车辆的紧急制动。对于驻车制动器，大多数的货车和客车的驻车制动器安装在变速器或分动器之后，从而形成中央制动器。而一般的轿车则是将驻车制动器安装在车辆的后轮，与车辆行车制动器安装在一起。常见的驻车制动器有鼓式、盘式以及带式三种类型，常用的是鼓式和盘式。驻车制动器的结构和工作原理如下图所示。

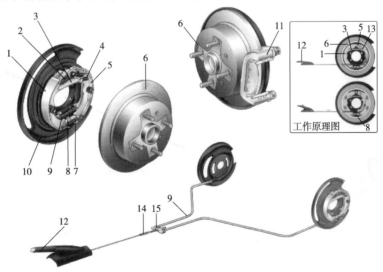

驻车制动器的结构和工作原理

1-前制动蹄；2-制动蹄复位弹簧；3-制动推杆；4-制动推杆弹簧；5-后制动蹄；6-制动鼓；7-可调顶杆弹簧；8-可调顶杆；9-制动拉索；10-制动底板；11-制动钳支架；12-驻车制动杆；13-制动杠杆；14-前制动拉索；15-平衡臂

驻车制动器由驻车制动杆、制动拉索、制动杠杆、制动推杆及调整机构等装置组成。当驾驶员向上拉紧驻车制动杆时，制动杆通过制动拉索来拉动车辆后轮的制动杠杆，从而推动制动推杆，使两侧的制动蹄向外张开，与制动鼓内表面摩擦压紧，从而产生制动。此外，由驻车制动器上棘爪将制动杆锁住，保持制动状态。当驾驶员按下驻车制动杆按钮，释放驻车制动杆时，棘爪解锁，在制动蹄弹簧力的作用下回复到原始位置，驻车制动解除。

2 驻车制动器相关知识

1）驻车制动杆行程

驻车制动杆行程是指拉起驻车制动杆时所预定的槽数，拉动时可以听到"咔嗒"声。一般驻车制动杆行程为6～9个槽，如果不当则需要进行调整。

2）驻车制动器指示灯

驻车制动器指示灯是为了提醒驾驶员驻车制动器是否处于工作状态。在点火开关处于ON位置时，在拉起驻车制动杆第一个槽时，指示灯应亮，完全释放驻车制动杆时，指示灯应熄灭。否则，存在故障，需要检查维修。

3）驻车制动器检查的重要性

驻车制动器在长期的使用过程中，会出现各种磨损和损耗，造成驻车制动杆的行程发生变化，影响驻车制动器的制动效果。如果驻车制动杆行程过大，会使驻车制动效能降低，甚至无法制动。如果驻车制动杆行程过小，会使驻车制动产生拖滞，即始终处于制动状态。因此，需要定期检查驻车制动器。

4）驻车制动器检查间隔期

一般来说卡罗拉轿车，驻车制动器每10000km或半年需要进行检查。

四 项目实施

（一）技术标准与要求

（1）驻车制动杆行程200N时为6～9个槽口。

（2）驻车制动杆锁紧螺母标准力矩为6.0N·m。

（3）蓄电池负极端子螺栓标准力矩为5.4N·m。

（4）驻车制动器指示灯第一槽口时应亮，完全释放应熄灭。

（二）实训时间

实训时间为90min。

（三）实训器材

10mm扳手

扭力扳手

10mm套筒

（四）教学组织

1 教学组织形式

单人操作安排每辆车8名学生实训，1名学生操作，1名学生指导，2名学生评分考核，4名学生观察；双人操作则可变为2名学生操作，2名学生指导，4名学生评分考核。

2 学生站位分工和要求

8名学生分工与要求：1名学生进行操作，1名学生操作指导，2名学生进行检查评分，4名学生进行观察操作。

3 实训教师职责

(1) 讲解操作项目的作业流程、操作步骤、技术规范和注意事项。

(2) 组织、管理学生进行操作。

(3) 在实训中进行检查、指导和纠正学生的错误。

4 学生职责变换

4名学生进行职责轮流变换制度，第一遍1号学生操作，2号学生操作指导，3号、4号学生进行检查评分，5~8号学生进行观察；第二遍5号学生操作，6号学生操作指导，7号、8号学生进行检查评分，1~4号学生进行观察；这样依次进行循环。

(五) 操作步骤

☘ 第一步　前期准备

 安装车轮挡块。

1) 从工具车上取来两块车轮挡块，安装到左后车轮处。

提示：

要求挡块前后安装夹紧左后车轮，并且挡块要与轮胎侧面对齐。

2) 从工具车上再取两块车轮挡块，安装到右后车轮处。

提示：

车轮挡块的安装是为了防止车辆出现移动。

 安装三件套。学生从工具车上拿来三件套和车钥匙，然后打开车门，按照地板垫、转向盘套、座椅套的顺序依次进行安装。

提示：

在安装转向盘套的时候要轻，不要太用力，以防止其破损。

第二步 检查驻车制动杆行程

用力拉住驻车制动杆。右手用力将驻车制动杆拉起，使其处于制动状态。

提示：

如果原始处于拉起状态，则再用力拉下。

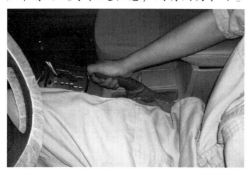

完全释放驻车制动杆。

1) 右手按下驻车制动杆的锁止按钮。

提示：

如果按钮比较紧，则可先拉起一点驻车制动杆然后再按下按钮。

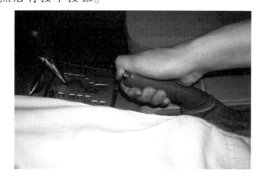

2) 轻轻放下驻车制动杆。

提示：

注意在放下驻车制动杆的时候一定要在最低位置后，手才可松开。防止驻车制动杆没有完全释放。

拉起驻车制动杆检测行程。缓慢将驻车制动杆向上拉到底，并计算"咔嗒"声的次数，然后与标准值进行比较，如果不正常则进行调整。

提示：

驻车制动杆行程：200N 时为 6~9 个槽口。

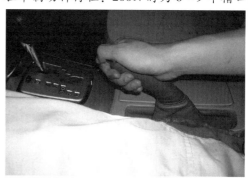

第三步 拆卸后地板控制台总成

1. 断开蓄电池负极端子。

1) 打开发动机舱盖，安装好翼子板布和前格栅布，用 10mm 梅花扳手松开蓄电池负极端子。

提示：

(1) 在断开蓄电池负极端子之前点火开关处于关闭状态，即将汽车钥匙拔出。
(2) 断开蓄电池电缆后重新连接时，某些系统需要初始化，具体参考维修手册。

2）用手旋松负极端子的螺母，然后将负极电缆拔出。

提示：

要将负极电缆放到安全位置。

 拆卸仪表板左下装饰板。脱开3个卡爪和卡子，并拆下仪表板左下装饰板。

提示：

在拆的时候要注意从装饰板的边缘用专用工具脱开，防止卡扣损坏。

 拆卸仪表板右下装饰板。脱开3个卡爪和卡子，并拆下仪表板右下装饰板。

提示：

在拆卸的时候要注意从装饰板的边缘用专用工具脱开，防止卡扣损坏。

拆卸变速杆手柄分总成。逆时针方向转动变速杆手柄并拆下变速杆手柄分总成。

 拆卸中央仪表组装饰板总成。用专用工具脱开2个卡爪和2个卡子，再拆下中央仪表组装饰板总成。

提示：

在取出中央仪表组装饰板的时候要小心，防止碰撞。

 拆卸仪表盒总成。

1）用十字螺丝刀松开两个螺钉，并拆下螺钉。

提示：

在操作时要防止螺丝刀碰到车内装饰板。

2）用专用工具脱开两个卡爪，松开仪表盒总成。

3）一只手拿住仪表盒总成，一只手断开插接器，拆下仪表盒总成。

提示：

在拔插接器时，如果比较困难，则向后松点再拔。不能直接拔连接线。

7 拆卸前1号地板控制台嵌入件。

1）用专用工具脱开3个卡爪。

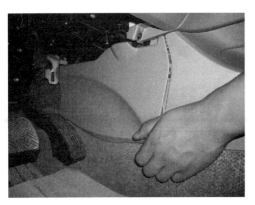

2）脱开导销，拆下前1号地板控制台嵌入件。并将前1号地板控制台嵌入件放在零件车上。

8 拆卸前2号地板控制台嵌入件。

1）用专用工具脱开3个卡爪。

2）脱开导销，拆下前2号地板控制台嵌入件，并将其放在零件车上。

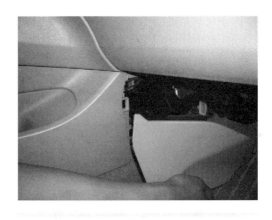

9 拆卸地板控制台上面板分总成。用专用工具脱开8个卡子，并拆下地板控制台上面板分总成。

提示:

在使用专用工具撬的时候,要注意位置要靠近卡子。

10 拆卸地板控制台毡垫。

 提示:

地板控制台中如有杂物,先取出。

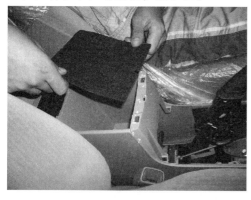

11 拆卸后地板控制台总成。

1)用棘轮扳手短节杆和10mm套筒,拆下4个螺栓。

 提示:

拆卸螺栓时需要分两次拆卸。

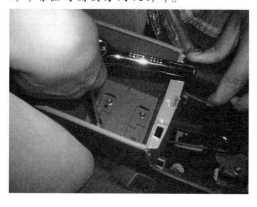

2)用十字螺丝刀拆下中部固定后地板控制台总成的2个螺钉。

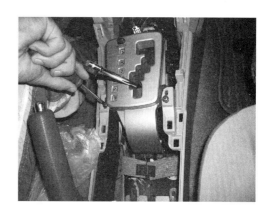

3)用十字螺丝刀拆下前部固定后地板控制台总成的2个螺钉。

4)用双手取出后地板控制台总成,并放在零件车上。

 提示:

取出地板控制台总成时要小心,防止发生碰撞。

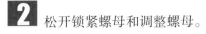

第四步 调整驻车制动杆行程

 完全松开驻车制动杆。

1)右手按下驻车制动杆的锁止按钮。

提示:

如果按钮比较紧,则可先拉起一点驻车制动杆,然后再按下按钮。

2)轻轻放下驻车制动杆。

提示:

注意在放下驻车制动杆的时候一定要在最低位置后,手才可松开。防止驻车制动杆没有完全松开。

 松开锁紧螺母和调整螺母。

1)用一把10mm开口扳手和一把10mm梅花扳手松开锁紧螺母和调整螺母。

提示:

操作时先松开锁紧螺母,再松开调整螺母。

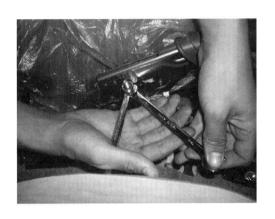

2)用手拧松锁紧螺母和调整螺母,使驻车制动杆处于放松状态,便于进行检查。

 踩制动踏板。发动机停机时,完全踩下制动踏板3~5次。

项目 16 驻车制动器的检查与调整

4 转动调整螺母，调节行程。

1）用手转动调整螺母，直到驻车制动杆行程修正至规定范围内。

2）检查驻车制动杆行程。

 提示：

驻车制动杠杆行程：200N 时为 6~9 个槽口。

5 紧固锁紧螺母。先用手拧紧锁紧螺母，然后用扭力扳手和开口扳手配合紧固锁紧螺母。

 提示：

锁紧螺母力矩为 6.0N·m。

6 检查驻车制动杆行程。操作驻车制动杆 3~4 次，并检查驻车制动杆行程是否在标准范围之内。

 提示：

驻车制动杆行程：200N 时为 6~9 个槽口。

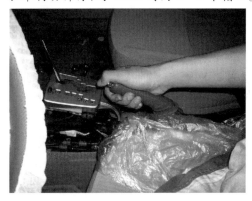

7 检查驻车制动器是否卡滞。先将车辆举升到离地面 20cm 左右，然后一人在车内操作驻车制动杆，一人在车外检查两后轮是否有卡滞的现象。

提示：

在操作时要注意车内与车外操作人员的配合，并且两个车轮分别进行检查。

第五步　安装后地板控制台总成

1 安装后地板控制台总成。

1）先将后地板控制台总成安放到位，然后用十字螺丝刀安装前部2个螺钉。

2）用十字螺丝刀安装并拧紧后地板控制台总成中部螺钉。

3）先用节杆拧紧4个螺栓，然后再用棘轮扳手将其拧紧。

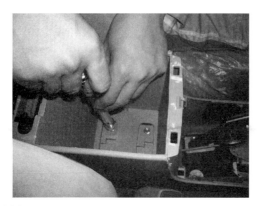

2 安装地板控制台毡垫，并将其铺平。

3 安装地板控制台上面板分总成。接合8个卡子并安装地板控制台上面板分总成。

提示：

要确保8个卡子完全配合。

4 安装前1号地板控制台嵌入件。

1）用手对准前端导销，并接合导销。

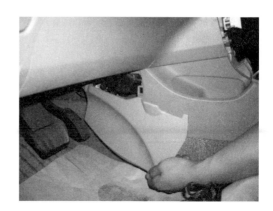

2）接合3个卡爪并安装前1号地板控制台嵌入件。

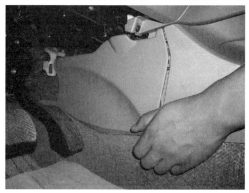

5 安装前2号地板控制台嵌入件。

1）用手对准前端导销，并接合导销。

2）接合3个卡爪并安装前2号地板控制台嵌入件。

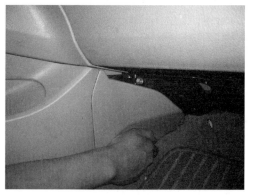

6 安装仪表盒总成。

1）先用手连接插接器，然后对准并压上2个卡爪。

2）用十字螺丝刀拧紧2个螺钉，并安装仪表盒总成。

7 安装中央仪表组装饰板总成。接合2个卡爪和2个卡子，并安装中央仪表组装饰板总成。

8 安装变速杆手柄分总成。顺时针转动变速杆手柄并安装变速杆手柄分总成。

9 安装仪表板左下装饰板。接合3个卡爪和卡子，并安装仪表板左下装饰板。

10 安装仪表板右下装饰板。接合3个卡爪和卡子，并安装仪表板右下装饰板。

11 连接蓄电池负极端子。

1）先将负极电缆放到蓄电池负极端子上，然后用手将其拧紧。

提示：

在安装之前点火开关要处于关闭状态，即将汽车钥匙拔出。

2）用10mm套筒和扭力扳手将其拧到规定的力矩。

提示：

标准力矩：5.4N·m。

第六步 检查制动警告灯

1 打开点火开关至ON位置。打开点火开关至ON位置，检查组合仪表板灯是否点亮。

2 释放驻车制动杆，检查警告灯。用手完全释放驻车制动杆，检查警告灯是否熄灭。

提示：

熄灭为正常。

3 拉起驻车制动杆检查制动警告灯。拉起驻车制动杆，同时检查制动警告灯始终在第一声"咔嗒"声时亮起。

提示：

警告灯在第一声"咔嗒"声时应亮，并且持续亮，为正常。

4 关闭点火开关。关闭点火开关，检查完成。

🌲 第七步　恢复清洁

1 拆除三件套。

参考项目：制动踏板的检查与调整。

2 拆除挡块。

参考项目：制动踏板的检查与调整。

3 清洁整理。

参考项目：制动踏板的检查与调整。

五 考核标准

考 核 标 准 表

序号	操作步骤	考 核 项 目	满分	评分标准	得分
1	一、前期准备	安装车轮挡块	2	操作不当扣2分	
2		安装三件套	3	操作不当扣3分	
3	二、检查驻车制动杆行程	用力拉住驻车制动杆	3	操作不当扣3分	
4		完全释放驻车制动杆	3	操作不当扣3分	
5		拉起驻车制动杆检测行程	4	操作不当扣4分	
6	三、拆卸后地板控制台总成	断开蓄电池负极端子	2	操作不当扣2分	
7		拆卸仪表板左下装饰板	2	操作不当扣2分	
8		拆卸仪表板右下装饰板	2	操作不当扣2分	
9		拆卸变速杆手柄分总成	1	操作不当扣1分	
10		拆卸中央仪表组装饰板总成	2	操作不当扣2分	
11		拆卸仪表盒总成	2	操作不当扣2分	
12		拆卸前1号地板控制台嵌入件	2	操作不当扣2分	
13		拆卸前2号地板控制台嵌入件	2	操作不当扣2分	
14		拆卸地板控制台上面板分总成	2	操作不当扣2分	
15		拆卸地板控制台毡垫	1	操作不当扣1分	
16		拆卸后地板控制台总成	2	操作不当扣2分	

续上表

序号	操作步骤	考 核 项 目	满分	评分标准	得分
17	四、调整驻车制动杆行程	完全松开驻车制动杆	2	操作不当扣2分	
18		松开锁紧螺母和调整螺母	5	操作不当扣5分	
19		踩制动踏板	3	操作不当扣3分	
20		转动调整螺母调节行程	5	操作不当扣5分	
21		紧固锁紧螺母	5	操作不当扣5分	
22		检查驻车制动杆行程	5	操作不当扣5分	
23		检查驻车制动器是否卡滞	5	操作不当扣5分	
24	五、安装后地板控制台总成	安装后地板控制台总成	2	操作不当扣2分	
25		安装地板控制台毡垫	1	操作不当扣1分	
26		安装地板控制台上面板分总成	2	操作不当扣2分	
27		安装前1号地板控制台嵌入件	2	操作不当扣2分	
28		安装前2号地板控制台嵌入件	2	操作不当扣2分	
29		安装仪表盒总成	2	操作不当扣2分	
30		安装中央仪表组装饰板总成	2	操作不当扣2分	
31		安装变速杆手柄分总成	1	操作不当扣1分	
32		安装仪表板左下装饰板	2	操作不当扣2分	
33		安装仪表板右下装饰板	2	操作不当扣2分	
34		连接蓄电池负极端子	2	操作不当扣2分	
35	六、检查制动警告灯	打开点火开关ON位置	1	操作不当扣1分	
36		释放驻车制动杆检查制动警告灯	4	操作不当扣4分	
37		拉起驻车制动杆检查制动警告灯	4	操作不当扣4分	
38		关闭点火开关	1	操作不当扣1分	
39	七、恢复清洁	拆除三件套	2	操作不当扣2分	
40		拆除挡块	2	操作不当扣2分	
41		清洁整理	1	操作不当扣1分	
		总分	100	实际得分	

六 知识拓展

1 驻车制动器制动杆类型

驻车制动器的制动杆类型主要包括中央手柄型、踏板型和拉杆型。中央手柄型是最常用的一种驻车制动杆,一般在驾驶室中间位置,用手拉、放进行操作。踏板型主要用于一些中高档的轿车中,一般在驾驶室的左边靠近车门处,用脚踩、松进行操作。拉杆型相对来说用得比较少。

2 驻车制动器使用注意事项

车辆停车时,不管在任何情况下都需要使用驻车制动器。当车辆起步时,必须先释放驻车制动器,同时观察驻车制动器指示灯是否熄灭,并养成习惯。如果强行起步会造成制动片的严重磨损。

项目17 ABS轮速传感器的检查与更换

一 学习目标

（1）了解 ABS 结构与工作原理；
（2）掌握 ABS 轮速传感器的作用、类型、结构原理；
（3）学会 ABS 轮速传感器的拆装；
（4）学会 ABS 轮速传感器的检查。

二 情景导入

一辆丰田卡罗拉轿车，在行驶过程中出现 ABS 警告灯亮。经过检查存在故障码，可能原因是 ABS 左前轮转速传感器故障。需对左前车轮转速传感器进行检查和更换。

三 知识链接

1 ABS 结构和工作原理

ABS 是在普通的制动系统中增加了一套电控系统，主要由车轮转速传感器、制动压力调节器、ABS 的 ECU 及故障指示灯等组成。其主要作用是在车辆制动过程中通过调节制动轮缸的制动压力使作用于车轮的制动力受到控制，从而将车轮的滑移率控制在较为理想的范围之内，使车辆在紧急制动时的制动距离最短且有较好的操纵稳定性。

ABS 防滑控制 ECU 根据从车轮转速传感器接收到的转速信号，检测车轮抱死情况。根据这些信息，防滑控制 ECU 控制液压泵电动机和电磁阀。液压泵电动机和电磁阀通过控制施加到每个车轮制动器上的液压，防止车轮抱死。系统有故障时，ABS 警告灯将亮起且多信息显示屏（带多信息显示屏的车辆）显示警告信息。

ABS 结构和工作原理如下图所示。

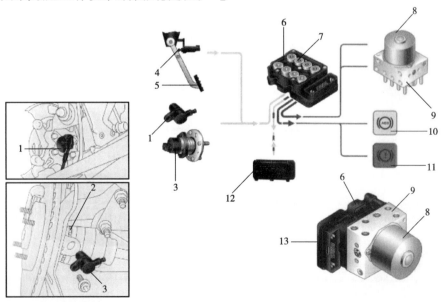

ABS 结构和工作原理

1-前轮转速传感器；2-脉冲轮；3-后轮转速传感器；4-制动灯开关；5-制动踏板；6-ABS 控制模块；7-电磁阀；8-液压泵电动机；9-ABS 液压单元；10-ABS 警告指示灯；11-制动警告灯；12-自诊断接口；13-ABS 导线插座

❷ ABS 转速传感器的作用、类型及原理

ABS 转速传感器是 ABS 中最重要的部件之一，其作用是检测车辆轮的转速，并将所测得的信号输送给 ABS 的 ECU。当前在 ABS 中使用的转速传感器主要是电磁式和霍尔式两种。下面以电磁式车轮转速传感器为例说明其工作原理。

电磁式车轮转速传感器是利用电磁感应原理，通过磁通量的变化产生感应电压的装置。其主要由传感头和齿圈两部分组成。传感头即传感器的端部，一般由磁体、极轴和感应线圈组成。齿圈一般安装在车轮轮毂上，有些安装在差速器或传动轴上，随着车轮或传动轴一起转动。传感头与齿圈之间要有合理的间隙，并传感头必须安装可靠，不能有污垢和划痕，以免影响信号。

齿圈旋转，当齿顶与传感器极轴相对时，磁路的间隙最小，因此磁阻也最小，通过感应线圈的磁通量最大；当齿隙与传感极轴相对时，磁路的间隙最大，因此磁阻也最大，通过感应线圈的磁通量最小。从而感应线圈内部的磁通量发生连续交替的变化，产生感应电动势，信号通过感应线圈的传感器导线输送给 ECU。

四、项目实施

(一) 技术标准与要求

（1）转速传感器螺栓 C 拧紧力矩：8.5N·m。
（2）转速传感器线束固定卡子螺栓 B 拧紧力矩：29N·m。
（3）转速传感器线束固定卡子螺栓 A 拧紧力矩：8.5N·m。
（4）蓄电池负极端子拧紧力矩：5.4N·m。

(二) 实训时间

实训时间为 90min。

(三) 实训器材

螺丝刀

棘轮扳手

套筒

万用表

专用工具

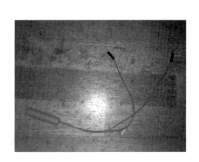
专用测试线

(四) 教学组织

1 教学组织形式

单人操作安排每辆车8名学生实训，1名学生操作，1名学生指导，2名学生评分考核，4名学生观察；双人操作则可改为2名学生操作，2名学生指导，4名学生评分考核。

2 学生站位分工和要求

8名学生分工与要求：1名学生进行操作，1名学生操作指导，2名学生进行检查评分，4名学生进行观察操作。

3 实训教师职责

（1）讲解操作项目的作业流程、操作步骤、技术规范和注意事项。

（2）组织、管理学生进行操作。

（3）在实训中进行检查、指导和纠正学生的错误。

4 学生职责变换

4名学生进行职责轮流变换制度，第一遍1号学生操作，2号学生操作指导，3号、4号学生进行检查评分，5～8号学生进行观察；第二遍5号学生操作，6号学生操作指导，7号、8号学生进行检查评分，1～4号学生进行观察；这样依次进行循环。

(五) 操作步骤

第一步　前期准备

1 安装三件套。
参考项目：制动摩擦块的检查与更换。

2 拉起发动机舱盖支撑杆。
参考项目：制动摩擦块的检查与更换。

3 安装车轮挡块。
参考项目：制动摩擦块的检查与更换。

4 打开发动机舱盖。
参考项目：制动摩擦块的检查与更换。

5 安装翼子板布和前格栅布。
参考项目：制动摩擦块的检查与更换。

6 拆卸蓄电池负极端子。用10mm梅花扳手松开蓄电池负极端子，然后用手拆卸负极端子，并将其移至安全位置。

提示：

（1）在断开蓄电池负极端子之前点火开关处于关闭状态，即将汽车钥匙拔出。

（2）断开蓄电池电缆后重新连接时，某些系统需要初始化，具体参考维修手册。

第二步　检查拆卸前轮转速传感器

1 车辆举升。
参考项目：制动摩擦块的检查与更换。

2 拆卸车轮。
参考项目：制动摩擦块的检查与更换。

拆卸前翼子板外接板衬块。用10mm套筒、短节杆和棘轮扳手拆卸前翼子板外接板衬块两个螺栓，并取下前翼子板外接板衬块。

提示：

在取下最后一个螺栓时要小心，防止前翼子板外接板衬块掉落。

 拆卸前翼子板内衬。

1）使用一字螺丝刀将销转动90°，再用手拆下销固定卡子。

提示：

拆卸销固定卡子时如果拔不出，可轻轻晃动前翼子板内衬。

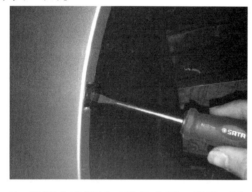

2）使用十字螺丝刀拧松卡子，并取下卡子将其放在工具车上。

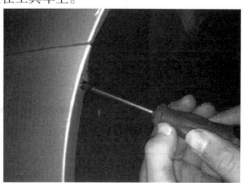

3）用手脱开3个卡爪，并分离前保险杠。

提示：

在脱开卡爪时用力不要太大，防止卡爪损坏。

4）用专用工具拆下前翼子板内衬8个卡子，并将其放在工具车上。

提示：

在拆下卡子时要小心，防止卡子损坏。

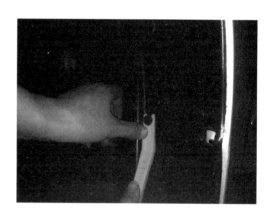

5）用10mm套筒、短节杆、棘轮扳手拆下6个螺钉。

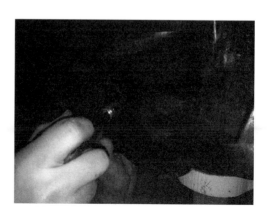

项目 17 ABS 轮速传感器的检查与更换

6）用一字螺丝刀拆下 4 个密封垫。

密封垫必须更换为新的，因为拆下时它们会破裂。

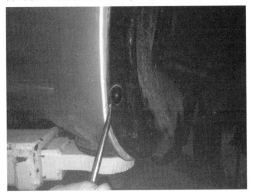

7）用手拆下前翼子板内衬，并将其放在工具车上。

拆下的所有卡子和螺栓要摆放整齐，防止遗失。

5 检查前轮转速传感器的安装情况。检查转速传感器与前转向节之间有无间隙。如有，重新安装转速传感器。

转速传感器紧固力矩：8.5N·m。

6 检查前轮转速传感器。

1）检查转速传感插接器连接部件、锁止件和卡子是否有松动。如有松动，找出松动原因且排除，并安装完好。

2）用手断开前轮转速传感器插接器，并松开插接器的固定卡子。

在断开转速传感器插接器时，不能直接拔线束，以免损伤传感器线束。

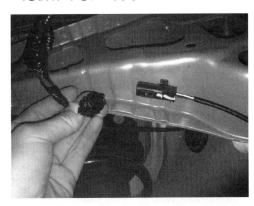

3）将万用表的挡位调至电阻挡，连接正负表笔，检查万用表电阻是否小于 1Ω。如果万用表不正常，更换万用表。

4）用专用测试线连接传感器端 2 号端子。

 提示：

如果直接用万用表进行测量会损坏传感器的端子。

5）将万用表调至电阻挡，用正表笔连接转速传感器 2 号端子专用测试线，用负表笔连接车身搭铁，检查电阻。如不符合标准，更换转速传感器。

 提示：

标准值：2（FL＋）—车身搭铁始终为 10kΩ 或更大。

6）用同样的方法，用万用表正表笔测量转速传感器 1 号端子专用测试线，用负表笔连接车身搭铁，检查电阻。如不符合标准，更换转速传感器。

 提示：

标准值：1（FL－）—车身搭铁始终为 10kΩ 或更大。

7 拆下前轮转速传感器线束卡夹。脱开卡夹卡扣，然后取出转速传感器线束。

8 拆下螺栓 A 和 2 号传感器卡夹。用 10mm 套筒和棘轮扳手，从车身上拆下螺栓 A 和 2 号传感器卡夹。

 提示：

注意工具的选择，防止棘轮扳手撞到车身。

9 拆下螺栓 B 和 1 号传感器卡夹。用 14mm 套筒和棘轮扳手，从减振器总成上拆下螺栓 B 和 1 号传感器卡夹。

10 拆下卡夹。脱开卡夹卡扣，然后取出转速传感器线束。

如果用手拆不开卡扣，可用专用工具。

11 拆下螺栓 C。用 10mm 套筒和棘轮扳手，拆下螺栓 C。

在拆下螺栓 C 的时候，不要拔出转速传感器。

12 拆卸前轮转速传感器。用手取下前轮转速传感器，并将其放在工具车上。

防止异物粘在传感器端部。每次拆下转速传感器时，清洁转速传感器的安装孔和表面。

第三步　检查并安装前轮转速传感器

1 清洁前轮转速传感器。用纱布清洁前轮转速传感器，确保传感器无任何污垢。

2 检查转速传感器端部是否有划痕或异物。目视检查前轮转速传感器前端是否有划痕或异物。如有划痕则更换。

3 清洁前轮转速传感器安装面。用纱布清洁前轮转速传感的安装表面。

4 安装前轮转速传感器。

1）将前轮转速传感器安装到转向节上，并用手安装拧紧螺栓C。

防止异物粘在传感器端部。

2）将扭力扳手力矩调至8.5N·m，并安装好10mm套筒。

选用力矩范围为5~25N·m的扭力扳手为宜。

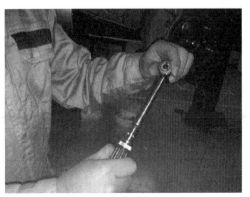

3）用扭力扳手将螺栓C紧固至规定力矩。

螺栓C标准力矩：8.5N·m。

5 安装卡夹。用手打开卡夹，将转速传感器线束放在卡夹里，然后扣上卡夹。

安装转速传感器时，不要扭曲前轮转速传感器线束。

6 安装1号转速传感器卡夹和螺栓B。用手将前挠性软管和1号转速传感器卡夹安装至减振器，并用手将螺栓B拧紧，再用扭力扳手将其紧固至29N·m。

螺栓B将制动器挠性软管和前轮转速传感器紧固在一起。确保挠性软管位于前轮转速传感器上方。不要用锉刀锉孔或表面，因为磁性转子和转速传感器之间的间隙非常重要。

ABS 轮速传感器的检查与更换 项目 17

7 安装 2 号转速传感器卡爪和螺栓 A。

1）将 2 号转速传感器卡爪安装至车身，并用螺栓 A 将其固定。

提示：

安装转速传感器时，不要扭曲前轮转速传感器线束。

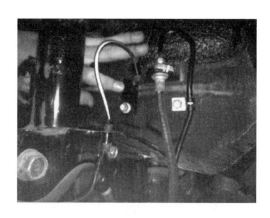

2）将扭力扳手调至 8.5N·m，安装好 10mm 套筒，再将螺栓 A 紧固至标准力矩。

提示：

螺栓 A 标准力矩：8.5N·m。

8 连接转速传感器线束卡夹。用手连接 2 个转速传感器的线束卡夹。

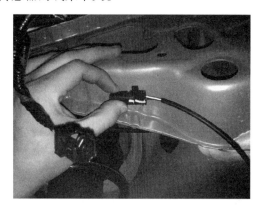

9 连接转速传感器插接器。用手连接前轮转速传感器插接器。

提示：

不能拉转速传感器的线束部分。

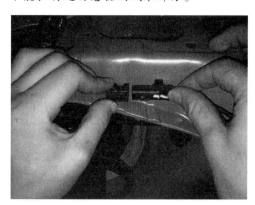

10 安装前翼子板内衬。

1）用 4 个新的密封垫安装前翼子板内衬。

提示：

先将前翼子板内衬放到车上，对准安装孔，然后再用 4 个密封垫进行安装。

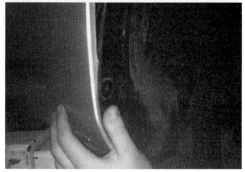

2）用10mm套筒、短节杆、棘轮扳手安装并拧紧6个螺钉，并用手安装8个卡子。

提示:

轻轻用力旋紧螺钉即可。

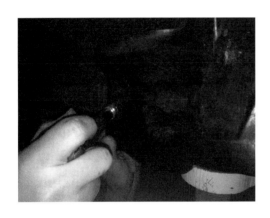

3）接合3个卡爪并安装前保险杠。

4）用十字螺丝刀安装销固定卡子。

提示:

轻轻用力旋紧销固定卡子即可。

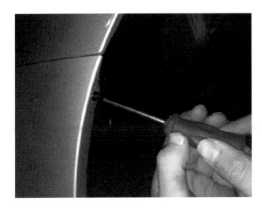

5）先将卡了放到孔中，然后用一字螺丝刀旋转90°。

提示:

安装完成后，检查各个部分边缘是否安装可靠。

11 安装前翼子板外接板衬块。用10mm套筒、短节杆和棘轮扳手安装前翼子板外接板衬块，并拧紧2个螺钉。

12 车轮临时安装。

参考项目：制动摩擦块的检查与更换。

13 车辆下降。

参考项目：制动摩擦块的检查与更换。

14 车轮紧固。

参考项目：制动摩擦块的检查与更换。

🌲 第四步　恢复清洁

1 安装蓄电池负极端子。将负极电缆放到蓄电池负极端子上，然后用扭力扳手将其拧紧。

💥 提示：

在安装之前点火开关要处于关闭状态，即将汽车钥匙拔出。标准力矩：5.4N·m。

2 拆卸翼子板布和前格栅布。
参考项目：制动摩擦块的检查与更换。

3 关闭发动机舱盖。
参考项目：制动摩擦块的检查与更换。

4 拆除三件套。
参考项目：制动摩擦块的检查与更换。

5 拆除挡块。
参考项目：制动摩擦块的检查与更换。

6 清洁整理。
参考项目：制动摩擦块的检查与更换。

五 考核标准

考核标准表

序号	操作步骤	考核项目	满分	评分标准	得分
1	一、前期准备	安装三件套	2	操作不当扣2分	
2		拉起发动机舱盖支撑杆	1	操作不当扣1分	
3		安装车轮挡块	1	操作不当扣1分	
4		打开发动机舱盖	1	操作不当扣1分	
5		安装翼子板布和前格栅布	2	操作不当扣2分	
6		拆卸蓄电池负极端子	3	操作不当扣3分	
7	二、检查拆卸前轮转速传感器	车辆举升	2	操作不当扣2分	
8		拆卸车轮	2	操作不当扣2分	
9		拆卸前翼子板外接板衬块	2	操作不当扣2分	
10		拆卸前翼子板内衬	5	操作不当扣5分	
11		检查前轮转速传感器的安装情况	3	操作不当扣3分	
12		检查前轮转速传感器	7	操作不当扣7分	
13		拆下前轮转速传感器线束卡夹	2	操作不当扣2分	
14		拆下螺栓A和2号传感器卡夹	4	操作不当扣4分	
15		拆下螺栓B和1号传感器卡夹	4	操作不当扣4分	
16		拆下卡夹	2	操作不当扣2分	
17		拆下螺栓C	4	操作不当扣4分	
18		拆卸前轮转速传感器	3	操作不当扣3分	

续上表

序号	操作步骤	考 核 项 目	满分	评分标准	得分
19	三、检查并安装前轮转速传感器	清洁前轮转速传感器	2	操作不当扣2分	
20		检查转速传感器端部是否有划痕或异物	4	操作不当扣4分	
21		清洁前轮转速传感器安装面	2	操作不当扣2分	
22		安装前轮转速传感器	4	操作不当扣4分	
23		安装卡夹	2	操作不当扣2分	
24		安装1号转速传感器卡夹和螺栓B	3	操作不当扣3分	
25		安装2号转速传感器卡爪和螺栓A	3	操作不当扣3分	
26		连接转速传感器线束卡夹	2	操作不当扣2分	
27		连接转速传感器插接器	2	操作不当扣2分	
28		安装前翼子板内衬	5	操作不当扣5分	
29		安装前翼子板外接板衬块	2	操作不当扣2分	
30		车轮临时安装	3	操作不当扣3分	
31		车辆下降	3	操作不当扣3分	
32		车轮紧固	3	操作不当扣3分	
33	四、恢复清洁	安装蓄电池负极端子	3	操作不当扣3分	
34		拆卸翼子板布和前格栅布	2	操作不当扣2分	
35		关闭发动机舱盖	1	操作不当扣1分	
36		拆除三件套	2	操作不当扣2分	
37		拆除挡块	1	操作不当扣1分	
38		清洁整理	1	操作不当扣1分	
		总分	100	实际得分	

六 知识拓展

霍尔式车轮转速传感器结构与工作原理

霍尔式车轮转速传感器也是最常用的ABS转速传感器之一，主要由传感头和齿圈组成。传感头是由永磁体、霍尔元件和电子电路组成。当齿隙相对霍尔元件时，穿过霍尔元件的磁力线分散，磁场相对较弱；当齿顶相对霍尔元件时，穿过霍尔元件的磁力线集中，磁场相对较强。而当齿圈转动时，通过霍尔元件的磁力线密度发生变化，从而霍尔电压也相应发生变化，并输出一个毫伏级的准正弦波电压，再由电子电路转换成标准的脉冲电压。

霍尔传感器在使用过程中具有以下特点：输出信号电压幅值不受转速的影响；频率响应高；抗电磁干扰的能力较强。

参 考 文 献

[1] 陈家瑞. 汽车构造 [M]. 北京：机械工业出版社，2003.
[2] 中国汽车维修行业协会. 汽车底盘常见维修项目实训教材 [M]. 北京：人民交通出版社，2009.
[3] 朱军，等. 汽车维护实训教材 [M]. 北京：人民交通出版社，2010.